生方正也
Masaya Ubukata

練習問題アプリ付き

問題解決のための 》

ロジカル シンキング

Logical Thinking
for Problem Solving

クロスメディア・パブリッシング

「で、何を言いたいの?」

「わかりにくいんだよね、○○さんの話は」

「ちゃんと考えてしゃべってくれる?」

けっこう頑張って説明したつもりなのに、

こんな風に言われてしまう。

そう言われると、確かに自分でも

頭の中がごちゃごちゃしていて、

いまいちまとまってない……。

この本は、そんな人のためにつくりました。

ビジネスパーソンの重要スキルの

ひとつと言ってもいい

「論理的に考える」能力。

ぜひ本書＋オリジナルアプリで、

その考え方を身につけてください。

はじめに

　この本は、ロジカルシンキング（論理思考）の手法をベーシックなところから解説したものです。ロジカルシンキングとは、ひと言で言えば「筋道の通った考え方」ということです。

「ロジカルシンキング」という言葉を聞くと、「難しそう」「堅苦しい」「スピードが遅くなりそう」と感じる人もいるかと思います。
　しかし、実際には**ロジカルシンキングはとてもシンプルで、柔軟で、スピーディな行動につながるもの**です。
　ロジカルシンキングが難しそうに感じるのは、シンプルに考えていくと、驚くほど複雑なことを考えることができるようになるからです。逆に、ロジカルに考えずに複雑なことを考えるのはとてもできません。
　ロジカルシンキングが堅苦しく感じるのは、「筋道を通して考えるためのルールがはっきりしているから」です。しかし、見方を変えれば、そのルールから外れていなければ、どんな発想もよしとされます。逆にルールがなかったり、整然としたルールがなかったりするとき、むしろ発想が縮こまってしまうことはありませんか？
自由に考えるには、むしろある程度のルールがあったほうが望ましいのです。
　ロジカルシンキングを実践していると、スピード感に欠けるように感じるのは、完璧な答えを出そうとしてしまうからです。そうすると、「情報が少ないから判断できない」と感じてしまいます。ロジカルシンキングを実践する場合、手元にある限られた情報をもと

に筋道立った仮の答え、つまり「仮説」を出していきます。仮説をもとに行動を取れば、思いつきとは違ったものになるでしょうし、新たに情報が加われば柔軟に変更できます。こうして、ロジカルシンキングをしていくことで、自分の考えをスムーズに実行に移すことができるようになるのです。

　冒頭で述べた通り、ロジカルシンキングとは「筋道の通った考え方」です。何か新しい考え方のように感じるかもしれませんが、**実は仕事やプライベートなど日常生活のほとんどの場面で、私たちは筋道の通った考え方をしています。**

　仕事での決断はもちろん、プライベートの予定を立てたり、買い物をしたりする時、自分なりに何らか筋道立てて考えているはずです。ロジカルシンキングは、そうした考え方の延長線上にあるものだと思ってください。

　その上で、より丁寧に筋道立てて考えてみるとどうなるか、いつの間にか筋道立った考え方ができなくなってしまうことがないようにするためにはどうするのか、というのがこの本で紹介している考え方です。

　買い物のとき、気がついたら買う気のない商品を思わず買っていた。そんな経験は誰でもあると思います。これは、いつの間にか筋道の通った考え方ができなくなってしまったからです。

　大した金額のものでなければ笑い話にもなるのでしょうが、月給の何割もするような商品の場合には笑い事では済まされません。こうならないようにするためには、もともと何のために買い物をしようとしているのか、本当にいま購入しなければならない商品なの

か、予算は適切か、といったことを考えなければなりません。ロジカルシンキングもまったく同じです。**仕事で大きなミスにつながらないように、実現したいことを本当に実現するためには、筋道立てて考えることが必要**になります。

　この本では、こうした考え方をするためのポイントについて紹介していきます。

　この本は、大きく5つのパートに分かれます。第1章では、ロジカルシンキングとは何かについてまとめています。冒頭述べたことも含め、ロジカルシンキングは印象とは意外と違うものです。その部分を確認してみてください。第2章では筋道を立てるための考え方の基本を紹介します。取っつきにくく感じるかもしれませんが、自分の考え方を振り返ってみると必ずこうした発想をしているはずです。第3章では、問題解決に焦点を当ててみます。トラブルへの対応や新たな企画を考えるとき、筋道立てて考えることは必須です。その流れといくつかの手法を紹介します。第4章は、相手に伝える場面でのロジカルシンキングの使い方がテーマです。仕事では他の人とのコミュニケーションが鍵です。そこをいかにうまくできるかは、仕事ができるかどうかに直結します。キーワードは「相手にとってわかりやすい」です。第5章は少し発展的なテーマを扱います。目標やPDCAサイクルや数値データ。それぞれ一冊の本になりそうなものですが、それらもロジカルシンキングと密接に関わります。

　また、「本を読んだだけでは身についたかどうか不安」「もう少し

練習したい」と感じる人も多いでしょう。この本ではアプリで「身についたか」を確認できるようになっています。ぜひ腕試しでアプリにもチャレンジしてみてください。

　本編に入る前に、最後に一点だけ。ロジカルシンキングは使ってこそ意味がある、とよくいわれます。そうすると、「なかなかうまく使いこなせなさそうだから、やめておこう」と考えてしまいがちです。**ロジカルシンキングを使う場合、まずは「使ってみる」ことが大切**です。使っているうちにうまく使いこなすことができるようになります。最初からうまく使いこなせるか不安なので使わない、というのは本末転倒です。

　最初から自転車を乗りこなせる子どもは滅多にいません。「うまく乗れないから自転車に乗らない」と言っていては、一生自転車に乗ることはできないでしょう。何度も転んでも、とにかく乗ってみる。そうして乗りこなせるようになるのです。

　ロジカルシンキングもまったく同じです。うまく使いこなせるかどうかを気にする前に、とにかく使ってみる。そうしていくうちに、次第に使い方のコツも見えてきます。もちろんしっかり使いこなせているかのチェックは欠かせません。そのときは、もう一度、本などで確認すればよいのです。

　この一冊が、ロジカルシンキングを使いこなすための伴走者となれば、これほど嬉しいことはありません。

生方　正也

［練習問題アプリ付き］

問題解決のための
ロジカルシンキング

目　次

はじめに ——————————————————— 5

各項目の構成&付属アプリについて ——————— 14

第1章 すべての仕事の基本は 「ロジカルに考える」こと

01 「ロジカルに考える」とはどういうことか?
ロジカルシンキングとは ——————————— 16

02 ロジカルシンキングはビジネスパーソンのOS
仕事における位置づけ ——————————— 20

03 コミュニケーションと問題解決に活かす
ロジカルシンキングの活用場面 ——————— 24

04 ロジカルシンキングを実践するときの4つのポイント
ロジカルシンキングの基本姿勢 ——————— 28

05 時間のない人こそロジカルシンキングを使え
思考・行動のスピードアップ ——————— 32

06 ロジカルシンキングに欠かせない3つの「目」
効果的に使うための視点 ——————————— 36

第2章 ロジカルに考えるための基礎

01 「目的」を明確にするのが最初の一歩
ビジネスで使う前提 ——————————— 42

02 全体像をつかむための「枠組み」を考える
思考の幅の確保 —————————————————— 46

03 「モレ」や「ダブリ」のない状態をつくる
MECE —————————————————————— 52

04 観察事項から結論を導く演繹的な論理展開
論理展開の基本① ——————————————————— 58

05 共通の事実から結論を導く帰納的な論理展開
論理展開の基本② ——————————————————— 62

06 「結局、何が言えるか?」を考える問いかけ
So What? ————————————————————— 66

07 問題の本質を探るため原因と結果を押さえる
因果関係 ——————————————————————— 70

第**3**章 速く、深く、的確に 考えるためのツール

01 問題解決は「4つのステップ」を踏む
問題解決のステップ ————————————————— 74

02 解決すべき「問題」は何か?
問題の明確化 ———————————————————— 78

03 2つの軸でシンプルに全体像をつかむ
マトリクス —————————————————————— 82

04 問題点・原因・解決策を効率的に探る
ロジックツリー ———————————————————— 88

05 切り分け方の幅を広げる
因数分解 ——————————————————————— 94

06 プロセスを問題解決に活用する
プロセス分析 ——————————— 98

07 「なぜ?」を繰り返す
原因の把握 ——————————— 102

08 問題点同士の関係を図にする
因果の構造化 ——————————— 108

09 ベストな解決策をつくり、選ぶ
解決策の立案 ——————————— 112

第4章 ロジカルに伝える技術

01 「自分本位」の説明になっていないか?
説得力を高めるための3要素 ——————————— 118

02 論理の展開を図で整理する
ピラミッド・ストラクチャー ——————————— 122

03 トップダウンのピラミッド・ストラクチャー
代表的な作成プロセス① ——————————— 128

04 ボトムアップのピラミッド・ストラクチャー
代表的な作成プロセス② ——————————— 132

05 相手の関心や知識レベルをつかむ
受け手の分析 ——————————— 136

06 「内容」+「手段」で説得の流れをつくる
ストーリーの作成 ——————————— 140

07 ロジカルに議論を進める
建設的な議論の条件 ——————————— 146

08 双方向のコミュニケーションを生み出す質問
質問の仕方 ——————————— 152

09 対立意見をまとめるための3つのステップ
意見が対立したときの対処 ——————————— 156

第 **5** 章 さらに問題解決力を 磨くトレーニング

01 新しいアイデアを生むために「見方」を変える
視座・視野・視点 ——————————— 162

02 「適切な目標」を設定するにはどうするか?
目標設定のSMART ——————————— 166

03 ロジカルシンキングを「PDCA」に活用する
仕事のマネジメント ——————————— 170

04 「見える化」して考えをわかりやすくする
思考の可視化 ——————————— 174

05 数字をベースに客観的にものごとを見る
数値の活用 ——————————— 180

06 結論を導き出すために「比較」をする
ロジカルシンキングに比較を活かす ——————————— 184

07 ロジカルシンキングはどうやって鍛える?
日常でできるトレーニング法 ——————————— 188

各項目の構成&付属アプリについて

▶各項目の構成

それぞれの項目の冒頭には、「困りごと」として、仕事の中で解決したい具体的状況を提示。本文でそうした状況を打開するのに効果的な考え方や知識を解説していきます。項目の末尾には、「使えるのはこんな場面！」として、そのパートで押さえておきたい知識や実際に使えるシチュエーションを短くまとめています。

▶アプリについて

iPhoneやiPadなど「iOS」のみ対応しています（※）。App Storeにて「問題解決ナビ」と検索してインストールしてください。
iOS以外のスマートフォン／タブレットをお使いの方や、パソコン等のブラウザから本サービスをお使いになる方は、下記のウェブサービスをご利用ください（本書のシリーズやアプリの最新情報なども随時掲載します）。

問題解決ナビ

http://www.monkai-navi.jp/

※2017年3月現在。なおiOSアプリとウェブ
　サービスは、アカウントを同期させることは
　できませんのでご了承ください。

第 1 章

すべての仕事の基本は「ロジカルに考える」こと

この章では、まずは入門編として、論理的な思考を身につけることがなぜ大事なのか、仕事の中で「問題解決の基本スキル」としてロジカルシンキングがどう役立つのかをお話ししていきます。

01

「ロジカルに考える」とはどういうことか?

—— ロジカルシンキングとは

困りごと……自分なりに考えているつもりなのに、「思いつき」「感想」と言われてしまう

　ロジカルシンキングのうちの「シンキング」、つまり「考える」とはどういうことを指すのでしょうか?　それは、「自分が伝えたいこと」(主張)と「その理由」(根拠)がセットとなった状態を指します。つまり、片方が欠けたら考えたことになりません。

● 主張と根拠のセットがないと「考えた」とは言えない

　たとえば、理由のまったくない主張を聞いたらどう感じますか?
　きっと「そういう風に考えているんだな」ではなく、「そう思っているのか」と感じるでしょう。つまり、言いたいことを主張するだけでは思っているのと同じレベルで、考えたことにはなりません。
　同様に、根拠となる事実やデータだけ並べ立てられたらどのように感じますか?　「結局、言いたいことは何だろう?」と疑問に感じたり、「集めた情報を報告しているだけなんだろうな」と感じるでしょう。これも考えたことにはなりません。
　つまり、「考えた」と言えるのは、最低でも自分の主張とその根拠がセットとなっていることが必要なのです。

● 筋道立った考えがロジカルシンキング

　ロジカルシンキングは、いま説明した「考える」に「ロジカル」がついたものです。つまり、自分の考えが筋道立ったものになっている、これがロジカルシンキングです。根拠となる事実やデータから主張までが筋道立っていれば、ロジカルに考えたことになります。

　ここで、「筋道立った」とはどんなことを指すのでしょうか？

　それは、主張と根拠との間が広過ぎないことです。たとえば、「あのお客様に営業活動をしよう」という主張の根拠として、「あのお客様は人手不足に悩んでいる」があったとします。これが筋道立ったものなのか、多くの人にはよくわかりません。それは、根拠と主張との間に開きがあるから、つまりお客様の人手不足とそのお客様への営業活動がどうつながるのかが見えないからです。

　このときに、たとえば「当社の新製品はお客様の人手不足を解消したいというニーズに対応できる」という根拠があれば、先ほどの根拠と主張と間が埋まり、より筋道立った考えであることが見えてきます。すると、「本当に当社の新製品は人手不足解消というニーズに対応できるのだろうか？」という新たな疑問を感じるでしょう。実は、現時点ではその根拠が欠けています。ここで、「当社の新製品は人手不足で悩む企業での採用実績が豊富」といった根拠があれば、主張の納得性がさらに高まります〈次ページ図参照〉。

　このように、主張をより納得できるものとするためには、実はいくつかの根拠が必要になります。つまり、主張と根拠の間の距離だけでなく、幅広く根拠を集めているか、ということも筋道立った考えにしていく際には大切になります。

　以上のように、自分の主張に関係しそうな根拠を挙げるだけでなく、その間を詰めていく、そして必要に応じて不足している根拠を

ロジカルシンキングとは

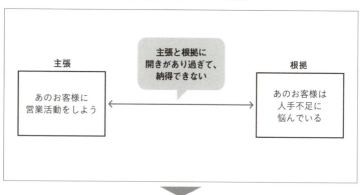

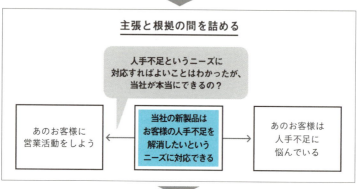

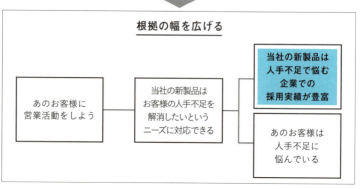

補っていくと、筋道立った考えになっていきます。

こうした発想が、ロジカルシンキングの基本です。

● ロジカルシンキングでは考え方の筋道が重要

主張と根拠が筋道立っているためには、最終的な主張に至るまでの考え方も筋道立っていることが必要になります。「たまたま主張と根拠を思い浮かべたら筋道立ったものとなっていた」というのは結果的にロジカルな主張になっているかもしれませんが、ロジカルシンキングを実践したことにはなりません。

自分の主張したいことに関連する事実やデータを集め、それを取捨選択したり優先順位づけして、主張に結びつけていく。このプロセスを丁寧に行って最終的に筋道立った考えになったとき、ロジカルシンキングが実践できたことになります。思いつきで事実やデータを集めたり、手当たり次第に分析を繰り返しているようでは、ロジカルシンキングとは呼べません。

具体的な手法はこれから紹介していきますが、多くの人が「そういう流れで考えていくと、確かにあの人の言うとおりだな」と感じられるような流れで考えることができていれば、ロジカルシンキングを実践しているといえるでしょう。

 使えるのはこんな場面！

● 自分の思っていることを、「しっかり考えたものだ」と示したいときは「主張」と「根拠」をセットにしてみる

02 ロジカルシンキングは ビジネスパーソンのOS

—— 仕事における位置づけ

困りごと……ロジカルシンキングは自分の仕事に必要なのかわからない

　ロジカルシンキングは、一部の人に必要だったり、普段から頭を使うような仕事をしている人だけが備えていればよいというものではありません。あらゆるビジネスパーソンが備えておくべきスキルの中でも特に基盤となるもの、言ってみればビジネスパーソンにとってのOSのようなものです。

● どこでも必要になるロジカルシンキング

　それぞれの職種で、必要となるスキルや知識は違います。しかし、どのような職種でもロジカルシンキングは必要になります。というより、ロジカルシンキングという土台がなければ、それぞれの職種で求められる知識やスキルを十分に発揮することは難しいでしょう。

　たとえば、営業担当であれば商品知識や対人スキル、さらにはマーケティングの素養が必要となるでしょう。では、そうした知識やスキルは、それだけでうまく活用できるでしょうか？　商品知識は豊富でも、それを筋道立ててお客様に説明することができなければ、せっかくの知識も宝の持ち腐れです。同様に対人スキルに優れ

ていても、型通りの対応しかできなければ、単に「人当たりのいい人」「調子のいいことばかり言う人」という印象にとどまり、営業実績を上げることには結びつかないでしょう。

これは他の職種、たとえば研究開発や人事、経理、システム開発などでも同じです。いくら専門知識を持っていても、それをうまく活用し、周囲が「確かにあの人の言う通りだな」と感じるためには、そうした知識を活用して筋道立った結論を導き出す考え方、つまりロジカルシンキングが必要になってくるのです。

ただし、ロジカルシンキングさえ高ければ、どんな分野でも活躍できる、というわけではありませんので、その点には注意が必要です。ロジカルシンキングはビジネスで必要なスキルの基盤ではありますが、他の知識やスキルとのバランスが大事になります。

● 知識はアップデートし、思考力は底上げする

これまでのことを整理すると、自身が担当する業務に関する専門知識やスキルだけでなく、ロジカルシンキングを高めていくことが重要ということになります。なぜあえてこのようなある意味当然のことを言うのでしょうか。

それは、業務に関する知識やスキルとロジカルシンキングのようなOS的なものは高める際の見え方が違うからです。

専門知識やスキルを高めるという場合、多くの場合それは「アップデート」です。古い知識や情報を最新のものにアップデートする。より洗練されたスキルや新たな手法に置き換える。こうしたことをしていきます。

そうすると、自分にとっては新たなものが身についた、知識を習得できたという実感を得やすくなります。また、特に知識や情報は

定期的にアップデートしないといけませんから、必然的に習得する機会は増えます。

一方、OS的なものはどうでしょう？　ロジカルシンキングを習得するといっても、頻繁に新しい考え方や手法が生み出されるわけではありません。つまり、ひと通り学ぶと、新たなことを学ぶということはほとんどなくなるのです。そうすると、ロジカルシンキングの力が高まった、という実感はなかなか得にくくなります。

ここで専門知識を習得したときのようなアップデートをイメージしていると、トレーニングしている割には効果がないように感じ、おのずとOS的な力を強化することを疎かにしてしまいます。そうならないようにするため、ある程度、意識的にロジカルシンキングを高めようとする努力が必要になります。

このとき、専門知識のようなアップデートではなく、力の「底上げ」ということを意識することが必要になります。さまざまな場面で使えることができるようになったか。特定の手法に頼らずに、さまざまな手法をバランスよく活用できるようになったか。こうした観点から底上げしていくことが求められます。

● ロジカルシンキングを共通言語化する

「ロジカルシンキングはビジネスパーソンのOS」という見方を発展させてみましょう。ロジカルシンキングは、個人でも大きな効果が期待できますが、同じ職場や同じプロジェクトのように組織で共通言語化できるとその効果は数倍にもなります。

考える筋道が合っているわけですから、他の人のアイデアも、なぜそのようなアイデアが出たか、改善点は何かをスムーズに理解することができます。また、いま自分が取り組んでいることを別の人

に引き継ぐことも、簡単にできるようになります。さらに、会議などで意見交換するときも、考え方のベースが揃っていれば、異なる意見の場合でも、どのような道筋でそれぞれの意見が出ているのかを確認し、より適切な考え方を採用することができます。

　これがロジカルシンキングを共通言語化できていない組織の場合はどうなるでしょうか？　発想の仕方の部分から確認する手間がかかる上に、人によって仕事の取り組み方が違っているために簡単に引き継ぐことができません。さらに、議論していてもお互いの考えの道筋から確認しなければならないため、異なる意見が出た場合、なぜそういう結論に至ったのかを理解することすら難しいでしょう。つまり、ロジカルシンキングが共通言語化できていないと、同じ職場やプロジェクトでも、一人ひとりがバラバラで仕事を進めることになってしまうのです。

　このように、ロジカルシンキングは「組織として生産的に仕事を進める上で欠かせないOS」とも見ることができるのです。

使えるのはこんな場面！

● 専門知識やスキルを使うだけでなく、ロジカルシンキングも組み合わせてみる

03 コミュニケーションと問題解決に活かす

—— ロジカルシンキングの活用場面

困りごと……ロジカルシンキングが具体的に仕事のどんな場面で使えるのかがわからない

　前項で述べた通り、ロジカルシンキングはビジネスのOSとも言えるものなので、ビジネスシーンのあらゆる場面で活用できます。それは大きく、「問題解決」と「コミュニケーション」の2つに分けることができます。

　どちらも筋道立てて結論を考えていく点では同じですが、力点の置き方が少し違ってくるので、それぞれどのような形でロジカルシンキングが活用できるのかを見ていきましょう。

● 問題解決でのロジカルシンキング

　私たちが取り組んでいる仕事のほとんどは、大きな見方をすれば「問題解決」をしていると言っても過言ではありません。トラブル対応はもちろん、新たな企画を考えることも、企画を通じて何かよりよい変化を実現するのであれば問題解決のひとつと言ってよいでしょう。ルーチン化している業務も、それをこなさなければ別の業務に影響を与えるわけですから、別の業務の問題を解決していると言うこともできます。

こうした問題解決を進めるにあたって、仕事内容が複雑になったり、より重い責任を負うようになると、過去の経験に基づいた対応や前例踏襲型の解決策ではうまく対応できない場面が増えていきます。だからと言って、目についたことに対して場当たり的に対処しても、効果的な解決策とならないばかりか、思いもよらない副作用を引き起こす恐れすらあります。

　たとえば、顧客への説明がうまくできなくて営業成績が上がらず苦労している若手の営業担当者に対して、上司が指示をする場合、どうすればよいでしょうか？　過去の自分の成功体験を引き合いに出すような人の場合、状況に関わらず「成績を上げたいなら、とにかく多くのお客様を回ることが大事だ。自分はそれでこれまで成績を上げてきたから、自分の言うことを信じて頑張りなさい」などと指示をするでしょう。しかし、その指示に従ったら顧客へ説明する時間はますます減って、成績は下がってしまうでしょう。

　このようなときに、状況をしっかり捉え、問題の本質をつかんだ上できちんと筋道立てて考えることができれば、効果的な解決策を導き出す確率は高くなります。この例でいえば、問題の本質は「顧客への説明力不足」ですから、説明内容を改善するよう指導したり、先輩に同行して説明の仕方を勉強させるといった指示をしたほうが、若手営業担当者の営業成績を上げるにはより効果的でしょう。

　また、筋道立てて解決策を考えていれば、他の場面でもその考え方を応用できる可能性が高まると同時に、うまくいかなかった場面での修正も簡単にすることができます。さらに、こうした考え方を組織全体に浸透させることができれば、組織全体としての課題へ取り組みや解決スピードの向上が期待できます。

　このように、筋道立てて考えるというロジカルシンキングの基本

ができていれば、経験のない問題に直面したときにでも、より効果のありそうな解決策を考えることができるようになります。

● コミュニケーションでのロジカルシンキング

コミュニケーション面でロジカルシンキングが活用できるのは、主に自分の考えを相手に伝え、納得してもらう、つまり相手を説得する部分が中心になります。

相手を説得することは、ビジネスでの活動の中心です。顧客に自社の製品やサービスを購入してもらうことができるか、パートナーと良好な関係を築くことができるか、メンバーを巻き込んで業務を進めることができるか。これらすべてが、相手を説得できるかどうかにかかっています。

ここでも、筋道立ててどのように伝えるかを考え、説得していくことは必要になってきます。

もちろん気心の知れた相手に対してなら、筋道立てて説明する必要などないでしょう。しかし、いつまでも同じ相手に似たような内容を説明すればいいというわけではありません。新たな相手とコミュニケーションをとる場合、「同僚に説明しているように、この程度言えばわかってくれるはずだ」というわけにはいかないのです。

社内の人に伝える場合も同様です。自分の周囲では常に新たなメンバーが入れ替わっています。中には隣の席には外国人社員がいて、毎日コミュニケーションを取らなくなっている人もいるかもしれません。このように、伝えるべき相手は多様になっていっています。

こうした相手に対して、「この程度話せば、あとは相手も自分の意図を汲み取ってくれるはずだ」と考えていては、いつまでたっても説得することはできないでしょう。

では熱意があれば説得できるか、といえばそうもいきません。仮に熱意のこもった説得でも、伝える内容が十分整理されていなかったり、根拠がはっきりしないまま言いたいことを繰り返すだけでは、相手への説得はおろか、説得したい内容を理解してもらうことも難しいでしょう。

ここでも、相手に応じて、根拠を示しながら主張まで筋道立てて説明すれば、相手もその内容を正確に理解することができるようになります。そうすれば、最終的に相手から同意を引き出せる可能性も高くなります。

ロジカルシンキングは、ビジネスシーンで私たちが遭遇するあらゆる場面で基礎となる考え方です。その中でも、特に「問題解決」と「コミュニケーション」で使うことを意識すれば、よりその効果を高めることができるようになります。

 使えるのはこんな場面！

● 身の回りの問題に対してはロジカルシンキングを活用して解決策を考えてみる
● 相手に自分の考えをわかってもらいたいときにはロジカルに説明してみる

04 ロジカルシンキングを実践するときの4つのポイント

—— ロジカルシンキングの基本姿勢

困りごと……ロジカルシンキングを使っているのに、なかなか答えにたどり着かない

ロジカルシンキングを実践していくにあたって、気をつけたいポイントがいくつかあります。ここではそれを紹介していきます。

● 正答でなくよりよいアウトプット

ロジカルシンキングに対する誤解のひとつに、「ロジカルシンキングを実践すれば、必ず正しい答えを導き出すことができる」というものがあります。しかし、学校での試験と違い、現実のビジネスシーンで、「正しい答え」というものはありません。つまり、ロジカルシンキングを実践したからといって、常に「正しい答え」が導き出せるわけではないのです。

では、ロジカルシンキングを実践すると何ができるのでしょうか？　それは、より質の高いアウトプットです。

ロジカルシンキングができていない資料と比べると、明らかに説得力のある資料になった。提案した企画や改善策が的を射た内容となっている。こうしたアウトプットは、思いつきのレベルで出すことはできません。

つまり、ロジカルシンキングを実践する場合、「いま考えたことは正しいのかな？」「間違っていないかな？」という発想だけで終わりにしないほうがよい、ということです。この発想は、最終的には「自分の意見は間違いではないから、誰もが認めてくれるはずだ」「間違ったことを言っていないから、何をしても大丈夫だ」という思い込みにつながっていきます。こうした発想でロジカルシンキングを活用していたら、かえって自分の意見に固執することになり、生産性を落とすことになってしまいます。

　ロジカルシンキングを活用する際には、「より説得力のある内容になったので、認めてもらえる可能性は高い」「幅広い観点から検討できたので、この企画の成功する確率は高い」というような発想をすることが必要です。

● 1かゼロかという捉え方をしない

　先ほどのポイントにも関連しますが、ロジカルシンキングを活用できたらよく、活用できなかったらダメ、というように2択での捉え方もしないほうがよいでしょう。のちほど紹介するロジックツリーやピラミッド・ストラクチャーでも、これが正解でこれは不正解、というように2つに分かれるのではなく、完成度に差が出るというのが実際のところです。

　したがって、ロジカルシンキングを活用しているかしていないか、という切り分けで物事を捉えてしまうのは危険です。どの程度ロジカルシンキングを活用できているか、という見方をする必要があります。

● 継続的なブラッシュアップ

　以上のようなことを書くと、「では、どれだけ考えればいいのか？」と感じるかもしれません。

　先ほど説明した通り、正解かどうかはわかりませんが、正解に限りなく近いアウトプットをつくり出すことは可能です。そして、正解に近いアウトプットを目指していくときに、ロジカルシンキングが威力を発揮するのです。

　その際に欠かせないのが、ブラッシュアップです。ロジカルシンキングを実践したからといって、一度で理想とするアウトプットが完成するわけではありません。アウトプットを繰り返し修正していくことが必要になります。

　筋道立っていないと感じる部分を直したり、新たな事実やデータが入手できたらその内容も反映させたり、他の観点からの指摘にも答えられるようなものにしたり、ブラッシュアップをする機会はいくらでもあります。そして、このようにブラッシュアップを繰り返すことで、正解に限りなく近いアウトプットに近づけることができるのです。

　その点から見れば、ロジカルシンキングはブラッシュアップを効率的に進めるために活用することも可能ですし、ブラッシュアップをするためにロジカルシンキングを実践する、ともいえます。

　常に自分のアウトプットには改善の余地がある、ということを意識しながら、時間と機会があればブラッシュアップをする。これがロジカルシンキングを活用して成果に結びつける最短の方法かもしれません。

● 具体的に考える

これも上記の「間違っていない」という発想に関連しますが、ロジカルシンキングを活用すると、間違った答えにならないよう、一般論的な結論や抽象論でまとめようとするケースを見かけます。クレームのあった原因を探っていったら、「組織の風通しが悪い」という結論でまとまった。販促企画を考えているうちに、「結局は顧客満足を高める」企画になっていればよい、という結論に達した。こうした一般論レベルの結論でまとまってしまうケースです。

こうした結論自体は、どこに出しても間違いではありません。ただ、クレームをなくすために何をすればよいか、具体的にどんな企画になっていればよいかというヒントにはなりません。組織の風通しをよくするために昼食を一緒に取るようにすれば、クレームはなくなるのでしょうか？ 顧客満足を高めるものなら、採算度外視の企画でもよいのでしょうか？ ロジカルに考えたはずなのに結果として的外れな結論が出てくるのは、こうした一般論でまとめようとする意識が働く結果であることがほとんどです。

常に具体的なレベルで結論を出す。その結論がおかしいなと感じたら修正する。間違っていない答えを一度で出すという意識だと、結果として痛い目にあうので注意してください。

使えるのはこんな場面！

● 企画や提案を考えるときは、ブラッシュアップを何度も繰り返してみる

05 時間のない人こそ
ロジカルシンキングを使え

―― 思考・行動のスピードアップ

**困りごと……時間がないから、ロジカルシンキングを使っている
暇がない**

　ここまでのことをまとめてみると、ロジカルシンキングとは、随分と手間ひまをかけるものだと感じるかもしれません。筋道立てて考えていこうとすると、いくら時間があっても足りないのでは。そんな風な考え方をしていたら、時間がかかってせっかくのチャンスを逃してしまうのではないか。時間がない場合は、ロジカルに考えないほうがよさそうだ。こんな風に考える人もいるでしょう。

● 思考・行動のスピードを上げるロジカルシンキング

　こうした捉え方をするのは、筋道立てて考え、結論を出すという部分にかかる時間だけ見ているからです。

　考えた結論をもとに行動を起こし、成果に結びつけるまでにかかるトータルの時間を考えてみるとどうでしょうか？　筋道立てて考えることができれば、必ずトータルではスピードアップにつながることがわかるでしょう。

　それは、次の2つの理由からです。

① 何に取り組むべきかが明確になる

　まず、仕事の段取りがつけやすくなります。さまざまなデータを分析して結論を出そうとしている場面を思い浮かべてください。筋道立てて考えている場合、まず最終的な結論を導き出すまでどのデータをどの順序で分析すればよいか、結論を出すまでの設計図を考えます。そうすると、分析の必要なデータやその流れを過不足なく挙げることができます。取り組むべきことが明確になれば、あとは実行するだけ。しかも、具体的な手順までわかっているので、実行しているときのスピードは自然と上がります。

　一方、ロジカルに考えていない場合は、集められるだけデータを集めたあと、データをどう扱うか途方にくれることになります。手当たり次第に分析をしますが、手順や分析結果をどう活用するかを考えていないため、不要な分析をしてしまったり、同じ分析を繰り返したりすることになります。最終的には、分析した結果もうまく活用できずに、結論を導き出すことになります。こうして、考える時間も、結論そのものも思わしくない結果となってしまいます。

　このように、ロジカルに考えることは、最初に少し時間がかかるように見えますが、トータルで見れば短時間で完了することになるのです。

② 実行段階での無駄がなくなる

　また、実行段階で同じことを何度も繰り返すような無駄が減ります。思いついたことを実行するのは、確かに結論を出すまでの時間は短いですが、同じことを繰り返すことになりかねません。しかし、筋道立てて考えた結論をもとに行動すれば、そのような無駄が減るのです。

　仮に環境が変化して、それに対応しなければならない、というよ

うな場合でも、筋道立てて考えていれば「どこから修正すればよい
か」という見通しがつくようになるので、修正するスピードは格段
に速くなるでしょう。一方、思いつきで考えている場合、どこから
修正していけばよいかよく見えないため、再度思いつきで考えて実
行するという手間が生じます。最初にロジカルに考えておくことで、
実行段階で大幅なスピードアップが見込まれるのです。

　このように業務全体のスピード、生産性を高めるという点でも、
筋道立てて考えることは欠かせません。

● 仮説を立てながら実行する

　考えるのに時間がかかる、というイメージが浮かぶのは、「ロジ
カルに考えようとする場合、さまざまなデータが必要になる。それ
を集めて分析するのにそもそも時間がかかる」ように見えるからで
しょう。根拠を持って結論を出すためには、相応のデータを集めな
ければならないかもしれません。

　このとき心がけたいのは、ある程度データが入手できたタイミン
グで、その時点での答え、つまり「仮説」を立てることです。必要
なデータがすべて揃うまで待って結論を出すのではなく、「いまま
で入手できたデータをもとにすると、このような結論になりそう
だ」という要領で、タイミングを区切って仮説を立てて行動に移し
ていく。そしてその仮説が適切だったかを確認しながら、必要に応
じて仮説を修正していく。こうしたスタイルでまとめていけば、結
果的に考えるスピードを速くすることができます。

　こうした仮説をもとに考えを進め、行動に移す一連の考え方・行
動の仕方を「仮説思考」と呼びます。仮説思考は、特に大量の事実
やデータをもとにアウトプットをまとめようとするときに効果を発

揮します。情報収集をして事実やデータが大量に集めるのは時間がかかるし、仮にすべて入手できたとしても、それらのデータをどう扱えばよいかがわからず途方にくれることになります。ここで、限られた事実やデータをもとに仮説を立て、それを残りの事実やデータから検証していけば、事実やデータをうまく活用したアウトプットに結びつけることができるようになります。

　ただ、ここで注意したいのは、仮説といってもどんなレベルのものでもよいわけではない、ということです。発想はロジカルシンキングと同じで、手元にあるデータから筋道立てて仮説を立てることを徹底することで、初めて仮説思考はその効果を発揮します。

　ビジネスでは「時間」はとても大切なものです。時間を大切にしたいなら、筋道立てて考え、その内容を忠実に実行するのが一番です。「時間がないから考えるのはやめてさっさと実行しよう」というのは、スピード感があるように見えて、実は時間のロスが大きいのです。

使えるのはこんな場面！

- 仕事全体の所要時間を想像してみれば、考える時間はそれほど多くない。あえてそこに時間を使ってみる
- 常にその時点の仮説を持って行動してみる

06 ロジカルシンキングに欠かせない3つの「目」

—— 効果的に使うための視点

困りごと……ロジカルに考えるだけだと、理屈ばかり言う人で融通が利かなさそうだと思われるかも

　この章の最後に、ロジカルシンキングの効果をさらに高めるために持っておくとよい3つの「目」を紹介します。

● 俯瞰する

　最初の「目」は、一段高い視点から状況を捉える目です。これを「俯瞰する」と呼びます。

　筋道の通った考え方をしようとすると、細部に注意がいきすぎて、全体像が見えなくなったり偏った見方になったりすることがよくあります。仮に筋道の立った主張ができたとしても、そのような見方をしていたら、「細かい部分は納得できるが、全体像が見えていない」という結果となります。

　そこで、一段高い視点で「自分は何をしているのか」「入手した事実やデータをどんな風に活用しているのか」という見方を同時にしておくことはとても重要です。

　俯瞰することは、ほかの人と議論をする場合でも役に立ちます。相手の意見に納得できずに反論する場合も、自分の納得いかない点

— 36 —

や細部の辻褄があっていない点ばかり指摘していると、「細かい所でケチをつけているな」と思われて、感情的にその指摘を受け入れてもらえないという残念な結果となってしまいます。そこで一段高い視点から、まずは相手が何についての話をしているのかがわかっていると示してから、具体的な部分の指摘をしていけば、細部に入り込んでいるという印象を与えることは少なくなります。

このように、ロジカルに考えることと一段高い視点で見ることを両立させておくことは、視野を広げた発想やバランスよく考えることにつながっていきます。

もちろん、俯瞰ばかりしていても何も決まりません。よく「評論家のようだ」と言われる人がいます。そうした人は俯瞰的に指摘することはできるのでしょうが、それだけで終わってしまっているのです。俯瞰するのは、あくまでも自分や周囲の考え方が適切か、大枠を押さえられているかを確認するためのものなので、俯瞰だけするというのは避けたほうがよいでしょう。

● 客観的に見る

2つ目の「目」は、客観的に物事を捉える目です。

特に具体的な情報を前にすると、私たちは主観的な判断をしがちです。たとえば後輩がミスをした場合、「あの後輩は仕事ができない」とか「後輩のミスのせいで自分が迷惑している」といったように、主観的にそのミスを捉えてしまいがちです。

もちろんそうした主観的な解釈をしてしまうのはやむを得ないことではありますが、主観的な解釈では思い込みや誤解につながっていきます。そこで、できるだけ早い段階で客観的に見るようにする

ことが必要です。

　客観的に捉える際に欠かせないのが、「別のものとの比較」です。他のものと比べることをせずに、客観的に物事を見ることはできません。よく「客観的な数値」といった言い方をしますが、数値そのものが客観的なのではありません。他の数値と比較できて初めて、数値も客観的なものになるのです。

　先ほどの例で挙げたミスについても、その後輩はほかの後輩と比べてミスが多いか、今回のミスはよく同じミスをする状況にあるのか、その後輩は他の業務でも頻繁にミスをするのか、といった形で客観的にミスを捉えてみれば、今回のミスの原因は何か、そしてどんな対応をすればよいのかのヒントにつながります。

　同じ事実やデータでも、このように客観的に捉えることができるかどうかで、偏りなく筋道の立った結論を考え出すことができるかが変わってきます。

● 健全に疑う

　最後の「目」は、疑う目です。昨今はインターネットに情報が氾濫するようになりました。それは同時に、不正確な情報も大量に世の中に出回っていることを意味します。「偽ニュース」という言葉が一国のトップの口から平気で出てくるように、マスメディアの報道ですら全幅の信頼を置けない時代になりつつあります。

　いろいろ調べた結果見つけた情報が不正確なものだったりしたら、その情報をもとに導き出した結論も、いくら筋道立っていても不正確なものになってしまいます。

　そこで必要になるのが「疑う」ことです。事実やデータの出所は

はっきりしていて信頼の置けるものかどうか、データの加工の仕方が特定の結論に誘導しようとしたものになっていないか、といった点に気をつけるだけでも、不正確な情報に振り回されることは少なくなります。

同様に、主張自体も疑って見る必要があります。論理展開は適切か、しっかりとした根拠をもとに主張しているか、権威や経験などで強引に結論づけようとしていないか。こうした点を疑ってみると、先入観のある主張に影響されることも少なくなります。

米国ではロジカルシンキングのことを「クリティカル・シンキング」と呼びます。つまり、筋道立てて考えるためには、その筋道が適切かを批判的に見ることが必要だということです。このように、疑うことは、決して自分の周囲にある情報やデータ、主張だけでなく、自分の考えそのものにも当てはまるのだ、ということも忘れてはなりません。

ただし、疑うことにはメリットもあれば大きな危険もあることには注意しておきたいものです。よく見られるのが、疑うことが高じて情報や主張の粗探しや否定となってしまうことです。そのような状態になると、単なる批判大会となって、物事が進みません。

また、一部でもおかしな情報や筋道立っていない点を見つけたら、その主張のすべてを否定する、というようなことも避けなければなりません。こうした姿勢は、最終的には自分に都合の悪い情報や主張を排除し、都合のよい考えだけ受け入れるという独りよがりの考え方につながっていきます。重要なのは、おかしな情報や筋道立っていない点だけ修正すると、どう主張が変わっていくかということですから。

よく「健全に疑う」と表現しますが、納得できるものはひとまず

素直に納得しておき、違和感があれば疑う、という習慣を身につけておきたいものです。

 使えるのはこんな場面！

- ドツボにはまったら俯瞰してみる
- 数値で理屈に説得力をプラスする
- 健全に疑って、柔軟な姿勢を示す

第 2 章

ロジカルに考えるための基礎

ロジカルに考えることの意味やメリットを理解したあとは、「モレやダブりのないこと」や「論理展開の2つのパターン」「因果関係をつかむ」など、ロジカルシンキングの基本的な考え方を解説します。

01

「目的」を明確にするのが 最初の一歩

—— ビジネスで使う前提

困りごと……会議で議論がすぐに迷走する

　ロジカルシンキングの第一歩は、「考える目的」を押さえること です。ビジネスシーンのように結果が求められるような場面では、 目的を明確にしておくことが必要になります。解決策を考えるにし ろ、説得するにしろ、そもそも何を解決するのか、何を説得するの かが明確になっていなければ、ロジカルに問題を解決したり説得し たりすることもできないでしょう。

　たとえば相手と話がかみ合わなかったり、議論が進まなかったり する場合、その多くは目的を明確に意識していないことが原因と なっています。目的が別のものにすり替わったり、一部の目的しか 見ていないときにも同じ状況に陥ります。

　もちろん、最初から目的を誤って押さえてしまうことは、めった にありません。しかし、いつの間にか目的のすり替えが起きたり、 目的の一部だけに注目したりすることがあります。何かを考え始め る前に、「いまここで考えるべきことは何か？」という目的の確認 を習慣づけることが必要です。

● 目的を明確にするメリット

目的を明確にできていると、次のようなメリットがあります。

① 無駄をなくすことができる

目的がはっきりしないときに起こりがちなのが、「議論のための議論」「分析のための分析」といったものです。目的が明確になっていれば、こうした無駄をなくすことができます。

② 考えの自由度を高めることができる

目的を明確にするということは、目的の範囲内ならどんなアイデアもひとまずは認められるということです。逆に、目的がはっきりしていなければ、範囲もはっきりしなくなります。範囲がはっきりしないと、思考の枠にとらわれ、独創性のあるアイデアを考えるのが難しくなります。こうした「自由度を損なうような思考の枠」を取り除くという点でも、目的をはっきりさせることは大切です。

● 目的を見失いがちになってしまう2つの原因

目的を押さえるのは基本だと、頭ではわかっていても、なかなかうまくいかないことがよくあります。それは、次の2つが大きな原因です。

① 途中で目的を見失う

最初は目的を押さえていても、途中で目的を見失ってしまうケースがあります。長時間の打ち合わせや大掛かりなプロジェクトなどでよく見られますが、次第に目的が何かわからなくなったり、目的

と無関係なことでも重要だと感じてしまったりすることがあります。目的が置き去りにならないよう、常に自分にリマインドしなければなりません。

② 目的自体が漠然としている

常に目的を意識しているのに、その目的がいまひとつ役に立っていないことがあります。目的を考えることが大事なのはわかっていても、「目的は大切だ」という言葉が単なるスローガンとなってしまうと、漠然とした目的を追い求めているうちに目的を見失ってしまうケースをよく見かけます。

● 適切な目的を押さえるためのヒント

それでは、適切な目的を押さえるためには、どんな点に注意すればよいでしょうか。ここではそのヒントを2つ紹介します。

① 将来を見据えた目的を押さえる

目的は、本来は未来志向のものであるはずです。たとえば、会議の目的は「会議が終わったあとで何が実現できるようになっているか」でなければ、単なる「会議のための会議」になってしまいます。

同様に、資料作成の目的は、資料を完成させることではなく、「完成した資料を読んだ人がその内容を理解し、次の判断や行動につなげること」です。

顧客からのクレーム電話への対応の目的は、顧客のクレームを聞いて対応することではありません。「顧客と自社の認識の違いを解消し、顧客の持つ不満をなくすこと」です。

このように、すべての活動の目的は、それが首尾よく終わったあ

— 44 —

との姿にほかなりません。

② 何の目的を押さえようとしているのかをはっきりさせる

考える目的は、できるだけ具体的にする必要があります。そのためには、自分はどの「立場」で目的を考えるのか、いまどのような「状況」に置かれているのかを明確にしなければなりません。自社の商品に顧客からクレームがあった場合、顧客と直接対応する人と商品開発する人とでは、考える目的が違います。立場や状況を明確にすると、目的を具体的にしていくことができます。

もうひとつ重要なのは、目的を明確にしたい「対象」は何かをはっきりさせること。どんな仕事の目的を考えているのか。どんな活動の目的を押さえたいのか。ここを具体的にしておくことが重要です。漠然と「給料を上げたい」という目的を考えているだけでは、目の前の仕事にどう取り組めばいいか見えてきません。

「僕の目的はなんだろう？」——仕事をしていて、こんな質問をする人はいません。考えるべき対象がはっきりしていないため、答えようがないからです。まずは「何の目的を押さえようとしているか」をはっきりさせることから、目的を考えることは始まります。

使えるのはこんな場面！

- 何かを始めるときには目的を明確にしておく
- 時間のかかることを進める場合は、途中で目的を再確認してみる

02 全体像をつかむための「枠組み」を考える

—— 思考の幅の確保

困りごと……視野が狭いと言われる

　自分ではしっかりとした根拠に基づいて説明しているつもりでも、相手から思いもよらない観点からの指摘を受けて戸惑うことがあります。それは、一部のデータや情報に基づいた根拠しかないのが原因です。つまり、「考える幅」が十分でないのです。考える幅が狭ければ、偏った観点からの結論となってしまう恐れがあります。考える幅を広げることは、見方の偏りをなくし、さまざまな立場の人からの納得を得るのに不可欠です。

● 考えるべき要素のセット＝枠組み

　考える幅を広げようとしても、思いついたことを手当たり次第に挙げていくようではうまくいきません。そこで、いくつかの要素を大くくりで分けて捉えるようにすると、大きなヌケモレをなくして考えられるようになります。このように、考えようとしていることをいくつかの大きな要素に分けたものを、「枠組み」と呼びます。

　枠組みをもとに考えている例を見てみましょう。商談中に競合企業の動向が耳に入ると、ついそれを意識した商談をしてしまいがち

です。競合が値引きをしたと聞けば、こちらも値引きを検討したり、納期をこれまでより短縮したと知れば、相手よりも早く納品しようと考えたりします。しかし、それだけでは単なる条件競争になってしまいます。

顧客はどのようなことを求めているか、自社が持っている強みや特徴が顧客の求めていることをどのように実現できるか、という点も踏まえて商談を進めていかなければなりません。

ここで挙げた「顧客のニーズ」「ライバル企業の動向」「自社でできること」が、商談で押さえておくべき枠組みになります。

● 枠組みをつくり上げるために

枠組みを考えることは、なかなか難しいものです。自分の持っている「考えの枠」から抜け出ないと適切な枠組みにならないので、難しいのは当然です。

もちろん、適切な枠組みをつくることができるようになるには、慣れも必要になります。ただし、ある程度慣れても適切な枠組みが出来上がらないケースは出てきます。ここで、「だから枠組みをつくろうとするのはムダなんだ」と考えるのではなく、少しでもその精度を高めていくことが必要になります。

そのための考え方のコツを3つ紹介します。

① 大くくりにする（3〜5つ程度でまとめる）

枠組みは、大くくりにして捉えることが有効です。考えようとしていることを細かく捉えようとすると、細かいポイントに目が行ってしまいます。そうすると細部にとらわれて、かえってヌケやモレが生じてしまいます。そうならないためにも、3〜5つ程度の大き

な観点から捉えるよう心がける必要があります。

　細かいポイントがいくつも挙がったら、いったんそれを3〜5つ程度にまとめてみる。まとめたものが5つを越えるようだったら再度3〜5つ程度にまとめる。こうしたことを丁寧に繰り返していくと、次第にしっかりした枠組みが出来上がっていきます。

② 俯瞰してみる：「〜についての情報」

　枠組みをつくるといっても、いきなり「このような枠組みだ」という風にすぐに思い浮かぶようなものではありません。最初は比較的細かいポイントを思い浮かべ、それをヒントにしながら枠組みを考えていくケースがほとんどです。

　ここで重要になるのが、具体的なポイントをうまく活用して枠組みにすることです。そのために必要な頭の使い方が、「俯瞰する」ことです。

　ある事象を俯瞰したい場合、「〜についての情報」と言い換えてみることが有効です。たとえば、上司から資料の修正を指摘されているとき、個々の指摘を一つひとつ丁寧に拾っていってもいいですが、「全体の構成についての指摘」「表現についての指摘」「グラフや表の使い方についての指摘」などのような形で捉えておけば、あとで指摘内容を振り返るときに混乱しなくなります。こうしたことができるのは、個々の指摘を俯瞰しているからです。

③ 絵にする

　全体像を押さえたい状況を、文章を使わないようにして表現してみる（これを「絵にする」と呼びます。ただ、絵心に富んだイラストを使う必要はまったくありません。一般に「ポンチ絵」と呼ばれるような、丸とかバツなどの記号と文字だけで表現した模式図程度で十分です）ことも、

絵にすることで枠組みをつくる

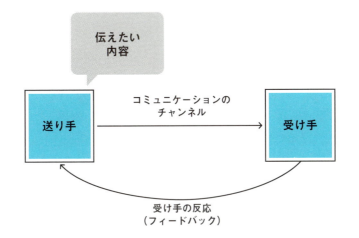

枠組みをつくるやり方のひとつです。

　考えたいことの全体を絵にしてみると、相手を説得する場合だけでなく、自分の中で考えモレがないかを確認することができるようになります。たとえば、コミュニケーションにはどんな枠組みがあるかを考える際、上の図に示すような絵が描けていれば、「送り手」「受け手」「伝える内容」「伝えるチャネル」「受け手からの反応」というような枠組みを思い浮かべることができます。

● フレームワークを枠組みに活用する

　枠組みとして活用すると効果的なのが、ビジネス関連のフレームワークです。

　たとえば、企業を取り巻くマクロ環境を分析する際には、政治（Politics）、経済（Economics）、社会（Society）、技術（Technology）の4

つの視点で分析するフレームワークがあります。これを、4つの頭文字をとって「PEST」と呼びます。それぞれをバランスよく分析すると、企業を取り巻く大きな環境はどうなっているかを捉えることができます。

また、事業環境を分析するフレームワークとして、市場（Customer）、競合（Competitor）、自社（Company）の頭文字をとった3C が挙げられます。マーケティングでは、製品（Product）、価格（Price）、流通チャネル（Place）、プロモーション（Promotion）の頭文字をとった4P が、マーケティング施策立案のフレームワークとして使われています。

こうしたフレームワークは、ビジネスのさまざまな場面で汎用的に活用できるものが多く、情報を整理したり不足している情報をつかんだりするのに便利です。

また、こうしたフレームワークは応用して使うこともできます。たとえば、就職活動をしている学生が今後どうするかを考える際には、自分自身の強みや弱みの分析、そして就職を希望する業界や企業の分析だけでなく、同じような業界・企業への就職を希望する学生にはどんな人がいるのかも注意する必要があります。これは、先ほど紹介した3C のフレームワークを応用したものです。

しかし、時折こうしたフレームワークを使うことが目的化してしまうことがあります。新規事業を検討する場合はとにかく3C を使わなければならない、いや SWOT 分析を行うべきだ。こうした議論をしたりすることがありますが、それはフレームワークに振り回されている状態にほかなりません。

あくまでもフレームワークは大枠を捉えるためのものですから、あまり強迫観念に駆られないように気をつけたいところです。

● つくり変えながら、枠組みとしての精度を高めていく

　繰り返しになりますが、最初から完璧な枠組みが出来上がることはあまりありません。また、それを目指す必要もないのです。

　最初からしっかりした枠組みを考えることができればよいのでしょうが、そうでなければ全体像を押さえられないとか結論が出てこないというわけではありません。ほかの人からアドバイスをもらったり新たな情報を手に入れたりすることで、「こんな点は見落としていたな」と気づくように、枠組みの完成度が次第に高くなっていく、というのもよくあることです。

　そこで強調したいのは、枠組みは繰り返しつくり変える、ということ。最初に考えた枠組みにこだわる必要はありません。

　使えるのはこんな場面！

●まず具体的なことに手をつけるのに、「どんなことを考えるのか」を思い浮かべてみる

03

「モレ」や「ダブリ」のない状態をつくる

—— MECE

困りごと……調べ物をしているとき、見落としや重複が出てしまって効率が悪い

MECE とは（Mutually Exclusive, Collectively Exhaustive）の頭文字をとったもので、「あるものの重なりをなくし、全体としてモレのない集合体にする」こと、つまり「モレなく、かつダブりのない」状態を意味します。右ページの図にも示しましたが、MECE は、ロジカルシンキングの基礎となる考え方のひとつです。

たとえばデータを分析する際に、パッと見で重要そうなデータだけ取り上げて残りを使わなかったら、データの一部が欠けた状態となります。これはモレがある状態です。もし、欠けた部分に重要なデータが含まれていれば、重要な見落としが起きることになってしまいます。一方で、分析をする際に扱うデータがダブっていたら、ダブっている部分が強調されることになります。そのため、分析結果が歪んでしまいます。また、ダブっている部分を繰り返し確認することになるので、その分、非効率です。

● MECEが活用できる場面

MECE はロジカルシンキングのさまざまな場面で活用できます。

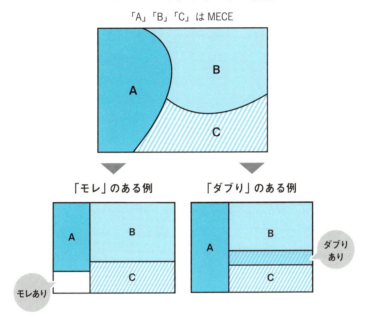

常に前面に出てくるようなものではないですが、ロジカルシンキングの考え方の根底にはMECEという発想があります。

ここでは主な3つの場面を挙げてみます。

① 考えの全体像を押さえる

前述した枠組みという考え方は、考えようとしていることの全体をMECEに分けたものにほかなりません。モレやダブリがあるようでは、考えの全体像を捉えたとはいえません。

② 問題解決

問題解決では、MECEという考え方が欠かせません。たとえば

不良在庫が多いという問題を解決したい場合、どんな不良在庫が多いかを調べないと、効果的な解決策に至りません。不良在庫を調べていくとき、モレがあったりしたら、重要なポイントを見落とす恐れがあります。逆に、ダブりがあったら、効率よく不良在庫を調べることができません。ここでMECEという考え方を活用していけば、問題を効果的・効率的に把握することができます。

③ 相手への説得

相手の知りたいことが欠けている、つまりモレのある状態で説得しようとしても、相手がその内容に納得することはありません。また内容がダブっている説明も説得力に欠けます。ダブった部分に注意が引き寄せられてしまって、相手が誤った理解をしてしまう恐れがあるからです。MECEを使えば、そのようなことを防げます。

● MECEの鍵は「切り口」

実際にMECEに切り分ける例を考えてみましょう。

ある飲食店にどのような来店客が多いのかをMECEにつかみたい場合、どのような分け方があるでしょうか？　性別（男性客と女性客）や年代別（20歳未満、20歳代、30歳代……）といった分け方ならば、MECEだということはすぐにわかります。

一方、「会社員（やそのグループ）」「家族連れ」「カップル」「おひとりさま」というような切り分け方はどうでしょうか？　この場合、「個人のグループ客がモレている」「会社員のカップルはどうなるの？」というように、モレやダブりが出ています。これでは来店客をMECEに切り分けたことになりません。

MECEに切り分ける際には、思い浮かべたものを取り上げるの

— 54 —

―――― 「切り口」を意識して切り分ける ――――

「切る」やり方
年齢という切り口

「くり抜く」やり方

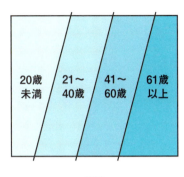

モレやダブリは発生しない　　モレやダブリが発生しやすい

でなく、"ある1つの観点"で切るように分けることが重要です。こうした切り分けるための観点を、「切り口」と呼びます。MECEに切り分ける場合には、どのような切り口で切り分けるのかをはっきりさせることが重要です。上の図に示したように、言い換えれば、「切り口」をはっきりと意識して切り分けられれば、おのずとMECEになっていると判断しても大丈夫とも言えます。

● MECEを活用するために

　MECEを活用する場面で心がけたいこととして、どのような分け方がよいのかといった「正解を探すこと」ではなく、「さまざまな分け方で見ていくこと」があります。

何となく状況を見たり、目についたものだけ重点的に分析したりするのではなく、多様な観点でMECEに分け、客観的に状況を捉えていくことが、問題の本質をつかんだり、説得のポイントをクリアにしたりすることにつながるのです。

● 切り口の考え方を発展させる

　ここまでで、MECEといっても比較的シンプルな考え方だということがおわかりいただけたと思います。

　しかし、このようにある意味すっきり分けることができるものもあれば、そうでないものもあります。たとえば、「職場でのコミュニケーション」の切り口はどのように考えればよいのでしょうか？

　もちろん、メンバーの性別や年代別、などといった切り口は考えられます。ただ、それとはまた違った観点の切り口もありそうです。たとえば、「質」と「量」。これなどは、切り分けるような感覚からは少し違っています。

　こうしたケースでは、どう切り口を考えていけばよいのでしょうか？　ここで、切り口を考える際のヒントを2つほど紹介します。

① 対立概念を使う
　ひとつは、対立する概念を使うというやり方です。たとえば、先ほど例として挙げた「質と量」や「ソフトとハード」のようなものです。こうした対立概念を使うと、MECEになりやすくなります。
② A or NotAという発想を使う
　「あるもの」と「それ以外のもの」というのも、立派な切り口です。これを活用すると、おのずとMECEになります。ただし、現実にはそのように情報やデータを切り分けられないのなら、意味はあり

— 56 —

ません。「A or NotA」のように切り分ける場合は、実際に分けることができるか確認しておくことが必要です。

現実のビジネスの世界では、「100%完全にMECE」といった精緻な分け方を常につくり出すのは難しいこともあります。その場合は、必ずしも厳密性にとらわれる必要はありません。MECEの発想を活用する目的に合わせることが大事なのであり、場面に応じて求められるMECEの精度も変わってきます。

 使えるのはこんな場面！

- モレなくダブりなくに注意しながら分析を進めてみる
- 説明のときも、モレやダブりがないか注意しておく

04 観察事項から結論を導く演繹的な論理展開

—— 論理展開の基本①

困りごと……自分の説明がきちんと筋道が通っているか不安

　筋道立った形で結論を導き出そうとするとき、そしてその結論を相手に伝え、説得しようとするとき、私たちはごく自然に論理展開のパターンを使っています。それが、「演繹的な論理展開」と「帰納的な論理展開」の2つのパターンです。

　あらゆる論理展開は、この2つの基本パターンの組み合わせによって成り立っています。ここでは、まず演繹的な論理展開について確認しましょう。

● 必然的に結論を導き出す演繹的な論理展開

　演繹的な論理展開とは、一般論や前提（以降「ルール」と呼びます）に該当する「観察事項」をもとに結論を導く論理展開のことで、いわゆる「三段論法」と呼ばれるものです。

　たとえば、「人は必ず死ぬ」というルールがあります。そして、「ソクラテスは人間である」という観察事項があります。この観察事項にルールを当てはめると、右ページの図に示したように「ソク

―― 演繹的な論理展開 ――

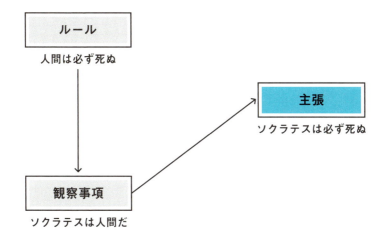

ラテスは必ず死ぬ」という結論が必然的に導き出されます。これが演繹的な論理展開です。

先ほど「必然的に導き出される」と書いたように、演繹的な論理展開の場合、ルールや観察事項が適切なら、誰もが適切な結論を導き出すことができます。誰も「人は必ず死ぬ。ソクラテスは人である。したがってソクラテスは死ぬ」という主張に反対することはないでしょう。それは、論理展開の仕方として必然的に主張が出てくるようなものになっているからです。

● 結論に違和感がある場合はルールに注目

私たちの主張は丁寧に論理展開を分解していくと、すべて演繹的なものになります。しかし、実際にそうした論理展開をすべて説明することはほとんどありません。多くの場合、ルールが省略される

ことになります。何度も三段論法の要領で説明していたら、聞いている側はうんざりしてしまうでしょう。そして多くの場合、ルールが省略されていても、不自然に感じることなく人の話を受け入れることができます。

　ただし、それに慣れてしまうと、主張している側が「自分の主張はどんなルールがベースになっているのか」をあまり考えることがなくなってしまいます。そうすると、少しおかしな主張をしたときに、修正がきかなくなります。また、同じ事実をもとに議論していて話が食い違うのも、この「ルールの捉え方が人によって異なること」が原因である場合がほとんどです。

　そこで、特に大事な主張をする場合、「自分はどんなルールでこの主張をしているのか」を振り返ってみることが必要になります。そして、意見が食い違ったときは、一度、お互いどのようなルールなのかを確認しておくと、話が平行線のままという状態を避けることができます。

● ルールはより具体的にする

　その際、注意したいことがあります。それは、「ルールが大きな概念のものや、あまりに漠然としたものになっていないか」ということです。確かに大きな概念の一般論や漠然としたものを土台とすれば、演繹的に見て正しい結論を導き出すのは簡単です。しかし、同じことは別の結論でも言えてしまい、結局お互い正論を言っているが意見が食い違ったまま、という状況になりがちです。

　たとえば、「差別化をすれば競争に勝つことができる」というルールで考えていた場合、悪い言い方をしてしまえば、他社と違う

ことをやっていたらどんなことでも競争に勝てるという結論を導き出すことができてしまいます。すると、「誰も入りたがらないような店構えで差別化したから、他店との競争に勝てる」という屁理屈のような主張も、論理展開の上では間違っていないことになります。

要するに、この主張は論理展開がおかしいのではなく、ルールが漠然としているから、一見おかしな主張も論理展開の上では間違っていないものになっているのです。この場合「顧客が好意的に捉えるような差別化をすれば」というように、ルールを絞り込むようなことをする必要があります。

演繹的な論理展開は、筋道立てて考えようとする場合、誰もが自然にしているものです。ですので、自分の結論を導き出す際に演繹的な論理展開を活用しよう、というよりは、自分の主張や相手の主張は適切かどうかを確認する際に、演繹的に主張の内容を分解するような場面で活用するのが適切です。

 使えるのはこんな場面！

- 自分の言いたいことが見えてきたら、「主張」「ルール」「観察事項」に分解してみる
- 相手の主張がおかしいと思ったときも、三段論法で言い直してみる

05 共通の事実から結論を導く帰納的な論理展開

── 論理展開の基本②

困りごと……いろいろなデータが集まったのに、それをうまくまとめることができない

　もうひとつの論理展開のパターンである帰納法とは、演繹法とは逆の方法です。すなわち「事実に共通する点」に着目し、そこから結論を導き出す論理展開です。

● 事実を積み上げて結論を出す帰納的な論理展開

　たとえば、A氏は死んだ、B氏は死んだ、C氏は死んだ、……歴史上で死ななかった人はいない。こうした事実があったとします。これらの事実から共通していえることは、「人間は必ず死ぬだろう」というもので、これを結論として導き出します。

　右ページの図を見てください。夜間に「ビジネススクール」「ロースクール」「会計専門学校」に通うビジネスパーソンが増えているという3つの事実があったとすれば、いずれも共通点は「キャリアアップに役立ちそうなスキル」なので、「夜間、キャリアアップに役立ちそうなスキルを習得しようとするビジネスパーソンが増えている」という結論を導くことができます。

　帰納的な論理展開とは、このように、事実を積み上げて結論を導

--- **帰納的な論理展開** ---

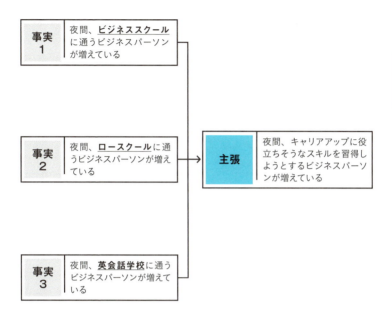

き出すやり方のことを指します。おそらく普段のビジネスシーンでも、こうした論理展開をするケースは多いでしょう。

● 確実な結論を導き出せるわけではない点に注意

　演繹的な論理展開とは異なり、帰納的な論理展開は、同じ事実から同じ結論が出てくるわけではありません。前の例でも、「ビジネスパーソン向けのスキルアップ講座を夜間に開講すると受講者が集まりそうだ」という結論も導けます。取り上げた事実の見方や結論を考える人の立場によって、導き出される結論は変わります。

また、帰納的な論理展開は、あくまでも取り上げた事実ベースでは適切な結論ですが、他の事例次第では結論が導き出せなくなることもあります。先ほどの例でいえば、仮に「夜間のビジネスパーソン向けのウェブ関連ビジネス養成講座の受講者は減少している」という事実がわかったとしたら、「夜間にキャリアアップに役立ちそうなスキルを習得しようとするビジネスパーソンが増えている」という結論は導き出せません。

　このように、帰納的な論理展開は、演繹的な論理展開と比べると、確実な結論を導き出せるわけではないことに注意が必要です。そのため、実際のビジネスシーンでは、確実ではない可能性があると想定した上で、結論を導き出すことが必要になります。

● 取り上げた事実の範囲に気をつける

　帰納的な論理展開をする場合、結論を導き出すために取り上げた事実の扱い方には気をつけなければなりません。そうしないと、強引に結論を導き出したような印象を与えてしまうことになります。気をつけたい点を2つほど挙げておきます。

① 事実の量

　どの程度の量の事実を基に結論を導き出そうとしているかという点です。いくら帰納的な論理展開で結論を出したといっても、ある商品のニーズを探ろうとする際に2〜3名の人の声から結論づけたのでは、納得感に欠けるでしょう。それは、消費者の声の絶対数が少ないからです。市場調査などを通じてニーズをつかもうとするのは、母数の絶対数を少しでも増やすためです。いくら論理展開として間違っていなくても、事実の量によっては、導き出せる結論に限

界があることに注意しなければなりません。

② 事実の偏り

　これは、取り上げた事実に偏りがないかという点に注意することです。よく「街角インタビュー」と称してある街で聞き取りをしたりすることがありますが、街の選び方にも気をつけなければなりません。学生が多い繁華街で聞き取った結果と、会社員の集まる飲食街で聞き取った結果はおのずと違ってくるはず。それは、ヒアリング対象者がまったく異なるからです。学生の多い場所で聞き取った結果から、「○○という商品はこれから人気が出そうだ」と帰納的に結論を導き出しても、それは偏った判断となってしまいます。

　帰納的な論理展開で結論を出そうとする場合、機械的に結論を導き出そうとする前に、自分が活用した事実や情報、データはどのような内容かを冷静に振り返っておかなければなりません。

　帰納的な論理展開は、確実な結論が出てくるわけではない一方、思いつきレベルではない「新たな気づきや発想」を生み出すのに役立ちます。

　　　使えるのはこんな場面！

- いろいろなデータが集まったら、まずは「共通点は何か」を考えてみる
- 集めたデータから「新たな気づきや発想」を生み出してみる

06 「結局、何が言えるか?」を 考える問いかけ

—— So What?

困りごと……上司に「いまの話の要点をまとめて」と言われて 口ごもってしまう

これまで紹介した論理展開のうち、特に帰納的な論理展開をする際に心がけたいのが、「So What?」という問いかけです。

データや情報、さらには導き出した結論に対して、「結局、何が言えるか?」ということを考えていきます。これが、「So What?」という問いかけです。「So What?」は、自分の伝えたいことの焦点を合わせていく場合には不可欠な問いかけなのです。

ビジネスシーンではよく「結局、君は何が言いたいんだ?」「データの内容はわかったが、それは結局どういうことだ?」と聞かれることがあります。こうした問いかけは、まさに「So What?」という質問をしているのです。自分自身に対してこうした問いかけをして、その答えを探していくと、「自分の言いたいことは結局、何だったのか」がはっきりします。

●「So What?」を実現するための3つのポイント

自分で作成した資料の説明をしているとき、途中で上司や先輩から、「それってどういうこと?」「結局、何が言いたいの?」という

質問、つまり「So What?」という投げかけをされて、肩に余計な力が入ってしまい、飛躍した結論を思わず言ってしまう。こんなことはないでしょうか？　私たちは「So What?」と問いかけられると、当たり前のことを言っていてはいけない、誰も思いつかないようなことを言わなければならない、と感じてしまうようです。しかし、それでは筋道立った論理展開からかけ離れた結論になってしまい、納得感を得ることができません。

　一方で、誰もが思いつくような当たり前のことばかり述べていたら、「たいしたことを考えてないな」と思われてしまうでしょう。

　では、どうすれば的確に「So What?」に答えられるか？　それは、基本的なことを積み重ねていきながら、最後で踏み込んだ結論にまとめてみることです。特に、前段の基本的なことは、とてもシンプルですが、この部分を軽視してしまうことが多いようです。以下に紹介する3つを組み合わせていけば、「So What?」に答えた結論を導き出すことができるようになります。

① 共通点を表現する

　いくつか裏づけとなるデータや情報があれば、「そこに共通点があるか」を探していきます。たとえば、「食品メーカーは原材料の生産地を記載するようになっている」「原材料の産地を表示する飲食店が増えた」という情報の共通点は「食品を扱う企業の話題」ですから、「食品を扱う企業では食材の産地を消費者に公開するようになっている」という風にまとめられます。いわば前項で触れた帰納的な論理展開を地道に行っていくこと。これが「So What?」を実現する第一歩ともいえます。

　この場合に心がけたいのは、取り上げる情報「だけ」から言えることをまとめる、ということです。帰納的な論理展開の項でも触れ

たように、取り上げた事実に偏りがあったりすると、漠然とした結論になったり、偏った観点からの結論になったりしがちです。こうならないよう、取り上げた情報だけから言えることに注目することが大切です。

② 事実やデータを組み合わせる

いくつかの事実やデータを組み合わせることも、「So What?」の基本です。「この職場の人数は変わっていない」「この職場で扱う業務量は増加している」という情報があれば、両者を組み合わせれば「この職場で1人当たりが扱う業務量は増えている」ということが言えます。

③ 問題意識に沿った言い方をする

ここまでで説明したことを地道に行ってから、踏み込んだ結論に持っていきます。そうすれば、手元にある事実やデータをもとにしたと同時に、当たり前ではない結論、つまり「So What?」に答える結論とすることができます。

その際、データや情報を見たままで表現するのではなく、「問題意識に沿った言い換え」をしてみるのが大切です。たとえば、他の事業と比べて販促費の多い事業があるという事実があった場合、そこから何が言えるでしょうか？　その事業の関係者からすれば、「この事業は販促費のかかりやすい構造だ」と結論づけるでしょう。一方、経営者から見れば、「コスト削減努力が足りない事業だ」と結論づけるかもしれません。それは、経営者からすれば、個々の事業の構造以上に、全社で見たコストに関心があるからです。

このように、同じ事実やデータでも、「それが自分にとってはどんな意味があるのか？」という観点から言えそうなことを考えてい

くと、一歩踏み込んだ「So What?」になります。

　問題意識に沿った形で「So What?」に答えるためには、考える人の立場に注目してみることが大切です。先ほどの例では、他の事業と比べて販促費の多い事業があるという事実を、販促グッズを販売している会社の人から見た場合、「あの事業と取引できれば、売上拡大が見込めそうだ」という「So What?」を導き出すかもしれません。

　いきなり「手元にある事実やデータから何が言えるだろうか？」と大上段に構えて考えると、答えに行き詰まったり事実に基づいていない内容になったりします。基本的なことを地道に行った上で、何が言えるのかを踏み込んで考えてみる、という習慣をつけていくとよいでしょう。

使えるのはこんな場面！

- 「結局、何が言いたいの？」と聞かれたら、共通点や組み合わせをまず試してみる
- 「自分にとってどんな意味をもっているか」という観点からの言い方をしてみる

07 問題の本質を探るため 原因と結果を押さえる

―― 因果関係

困りごと……いつも似たような苦情の対応をしなければならない

　特に問題解決の場面では、表面的な問題の原因を追究することが不可欠です。たとえば、「クレームが多い」という状況に置かれたとき、「なぜクレームが多くなったか？」と原因を探っていきます。仮に製品不良が原因だとすれば、製造工程の見直しをすればいいし、顧客への対応の仕方がまずかったのだとすれば、接客方法を改善するなど、より問題の本質に迫った解決策に近づくことができます。単に「クレームが多い」のレベルでは、寄せられたクレームにどう対応すればよいか、ということしか考えられません。

　問題の本質とその解決策を探るには、まず原因と結果、つまり因果関係の基本を押さえることが必要となります。

● 因果関係を捉えるための3つのポイント

　ビジネスシーンでは、さまざまな要素が関係し合っているので、簡単にどれが原因かを捉えるのは難しいのが現実です。ときには、原因でないものを原因と捉えて、間違った結論を出してしまうこともあります。因果関係を適切に捉えることはとても大切です。その

ためには、次の3点に気をつける必要があります。

① 時間的順序が正しいこと

　時間軸でいえば、まず原因が先にあり、その後に結果が生じます。その逆はありません。ですが、少し抽象的な言葉で因果関係を把握しようとすると、原因と結果の混乱はよく起こります。

　職場内で「コミュニケーションの悪化」と「職場の雰囲気が悪くなった」という2つの事実があった場合、どちらが原因でどちらが結果か判断しにくくなっています。

　この場合、つまり「Aが起きたから、Bが起きた」というような時間的な順序がはっきりわかる言い方をしてみると、どちらが現実に即しているかつかみやすくなります。たとえば、「コミュニケーションが悪化するような出来事が起きたから、職場の雰囲気が悪化した」という言い方で、その職場の状況を正確に捉えているかを確認してみれば、どちらが原因かはっきりします。

② 相関関係が存在すること

　因果関係がある場合、原因が変化すれば、必ず結果も変化します。つまり、因果関係がある場合は必ず原因と結果には相関関係があります。

「あの営業所に増員したから、営業所の売上高も改善するだろう」という主張は、営業所の人数とその営業所の売上高に相関関係がある、ということがベースになっています。つまり、営業所の人数と売上高が相関している、という事実が最低限なければ、その主張は経験則による思い込みとなります。

③ 第三因子が存在しないこと

②の条件を見ると、相関関係があれば、そこに因果関係があるように感じますが、必ずしもそういうわけではありません。2つの事柄に相関関係は見られるが、特に何の関係のない場合も多々あります。「ビールの売れ行きとシャンプーの売れ行き」に相関関係があったから、「ビールが売れればシャンプーが売れる」という風に因果関係を捉えてしまうケースです。

これは、両者とも気温が上がれば売上が上がるという、共通の原因があるからです。この共通の原因を「第三因子」と呼びます。第三因子を無視してしまうと、新商品発売でビールが売れているときに、「うちのシャンプーも売れそうだ」と誤った判断をすることになります。

こうしたチェックと同時に注目したいのが、「現実感」です。一見関係なさそうな2つのことに意外な関係がありそうだとわかると、「新しい発見をした」と感じたりするものです。そこで、紹介したようなポイントに照らし合わせながら、「現実的に見て、これは原因と言えそうか」と振り返ってみることも、因果関係のチェックとして欠かせません。

 使えるのはこんな場面！

● トラブルが起きたときには、その原因を探ってみる

第 3 章

速く、深く、的確に考えるためのツール

この章では、問題解決にロジカルシンキングを使うために、「問題解決の4つのステップ」を押さえた上で、「マトリクス」「ロジックツリー」「プロセス分析」などの使えるツールを紹介します。

01 問題解決は 「4つのステップ」を踏む

—— 問題解決のステップ

困りごと……目の前の課題に取り組んでいるが、なかなか状況が改善しない

「問題解決」という言葉を聞くと、大きく次の2つのアプローチが考えられます。

● ロジカルシンキングでの問題解決

1つは、目の前で起きている問題を解決するというものです。会議中スマホをいじっている人がいた場合、その人に会議中にはスマホをいじらないように注意する。こうしたアプローチです。このアプローチはすぐに手が打てるのですが、別の人がスマホをいじり始めたり、別の会議で同様のことが起きたりと、問題は再発するでしょう。

一方、問題の根本を見極めて、そこに手を打つのがもう1つのアプローチです。会議中にスマホをいじっている人がいたら、どういう人がスマホをいじるのか、なぜ会議中なのにスマホをいじろうとするのかを確かめ、その原因に手を打つ。このようなアプローチで対応策を打てば、他の人も含め会議中にスマホをいじるようなことはなくなるでしょう。

実際のビジネスシーンでは、この2つの問題解決のアプローチはどちらも実行しなければなりません。ロジカルシンキングでは、このうち後者のアプローチで威力を発揮します。筋道立てて問題の根本を追及し、問題の再発を防ぐ解決策を考える。こうしたときこそ、ロジカルシンキングの出番です。

　以降では、問題の根本を追及して解決策を打つための考え方を見ていきます。

● 問題解決で心がけたいこと

　上で述べたようなアプローチで問題解決を行うにあたって、心がけておきたいことが2つあります。

① ステップを踏んで考える

　より効果的な解決策を考えるためには、ステップをきちんと踏むことが重要です。問題を追及していくには、さまざまな観点から分析を行う必要があります。そのとき、思いついた順に分析などを行っていては無駄が生じてしまいます。解決策を考え出すために分析を行う、分析すべき点を明らかにするために問題を明確にするなど、解決策まで順を追って進めていくことが必要です。

② 候補を幅広く洗い出して絞る

　問題解決全体を通じて、考えられる問題や原因、解決策を幅広く洗い出して、その中から最も重要なものや効果的なものを選ぶというアプローチを取ることも必要です。

　いくらステップを踏んだ問題解決を行っても、問題はこれだと決め打ちをしたり、思いついた解決策がベストだと決め込んでしまっ

ては、ステップを踏んで問題を分析し、解決策を考えた意味があり
ません。幅広く問題点や解決策を洗い出すことが重要です。

　幅広く選択肢を洗い出すことは、柔軟な発想で問題を捉え、斬新
なアイデアを考え出すことにもつながります。つまり、新たな情報
や考え方があった場合、柔軟に他の選択肢に目を向けることができ
るようになるのです。洗い出して絞るというやり方は、状況に柔軟
に対応すると同時に、場当たり的でない問題解決になっていきます。

● 問題解決のステップ

　問題解決は、下図のように大きく4つのステップに分かれます。

① ステップ1：解決すべき問題を明確にする

　解決すべき問題を把握し、問題解決の方向性を明確にします。

② ステップ2：問題を具体化する

　細分化などを通じて、問題をより具体的なものにしていきます。

―――――――――― 問題解決のステップ ―――――

| 解決すべき 問題を明確 にする | 問題を 具体化する | 原因を探る | 解決策を 立案する |

③ **ステップ3：原因を探る**

具体化した問題がなぜ発生したのかを掘り下げ、問題の本質的な原因を追究していきます。

④ **ステップ4：解決策を立案する**

これまでの結果をもとに、問題の解決策を考えます。

● 問題解決のステップを踏むことのメリット

こうした問題解決のステップを踏むメリットは、次の2点です。

① **本質的な問題に対する解決策を考えることが可能**

解決策を考える前に問題を分析し、問題を掘り下げるため、本質的な問題に対する解決策に迫ることができます。いきなり解決策を考えてしまうと、対症療法的な解決策にとどまってしまいます。

② **修正が容易**

おかしいと感じたら、その前の段階に立ち戻ればよいというように、修正が容易なことが2つ目のメリットです。段階を踏まずに解決策を出してしまうと、その解決策でうまくいかない場合には、ゼロから考え直さなければなりません。

　　　使えるのはこんな場面！

● **複雑な問題に対応しなければならない場合は、問題解決のステップを思い返してみる**

02 解決すべき「問題」は何か?

—— 問題の明確化

困りごと……いろいろなことの中で、何から手をつければいいのかがわからない

　問題解決では、解決すべき問題を明確にすることが重要です。

　私たちは「問題は何か」と問われると、目についた悪い状況を思い浮かべがちです。試しに、自分の周囲で起きている問題は何か考えてみてください。「思うように仕事がはかどらない」「報告が遅い」「必要な情報が共有されない」など、いろいろ浮かんでくるでしょう。では、このうちどれが解決すべき問題でしょうか。こう聞かれると、どれも問題に見えて、優先順位がつけられません。

● 問題=あるべき姿と現状とのギャップ

　ここで、右ページのように、問題をあるべき姿と現状とのギャップとすれば、いかに悪そうな状況でも、あるべき姿とのギャップがなければそれは問題とはいえませんし、逆に一見悪くなさそうな状況でも、あるべき姿と大きなギャップがあれば問題となります。

　先ほど挙げたような状況でも、あるべき姿を「職場内のメンバーが生産的に業務をこなしている」としていれば、そのための情報や人員のスキル不足が問題と見えてきます。

―― 問題はあるべき姿と現状とのギャップ ――

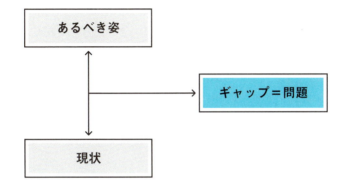

● あるべき姿を描く

　問題を明確にする際のカギは、「あるべき姿」の設定にあります。その際に注意すべき点は次の3点です。

① あるべき姿には段階がある

　あるべき姿はひとつではありません。その際、1つ目安にしたい考え方があります。それは、あるべき姿の「段階」です。新しい仕事を引き継いだとき、あるべき姿は「前任者と同じくらいスムーズに仕事を進めている」というものになるでしょう。では、その仕事に慣れてきたら、あるべき姿はどうなるでしょうか？　より高い水準のもの、たとえば「前任者がこなしていた時間の80%程度でその仕事を完了できる」といったものがあるべき姿になります。

　このように、あるべき姿も「できて当然」という段階もあれば、

「現状以上の水準」といった段階もあります。さらに将来に目を向けると、もっと壮大なあるべき姿もあるでしょう。

あるべき姿にもいくつかの段階があることがわかっていれば、あまりに壮大なあるべき姿を思い浮かべたために実現の見込みがなくてくじけてしまったり、すでに実現してしまったものがあるべき姿で問題自体がない、といったことを防ぎ、これから何を解決していけばよいのかを考える糸口にすることができます。

② あるべき姿は主体的に設定する

あるべき姿にはいくつかの段階があるとすると、何をあるべき姿にすればよいのでしょうか。その答えは「自分」にあります。つまり、あるべき姿は誰かから与えられるものではなく、自分で描くものなのです。現時点で自分はどの水準にまで到達すればよいかを見極め、それをあるべき姿とします。

よく「問題解決はできるが、問題設定ができない」という指摘を耳にします。これは、問題意識の欠如というより、主体的に問題を設定しようとしない姿勢への指摘と捉えることができます。主体的に問題を設定する第一歩は、自らあるべき姿を描くことです。

③ あるべき姿は具体的に描く

あるべき姿は、できるだけ具体的に表現することが重要です。あるべき姿を単に「よい会社にする」としては、人によってよい会社の捉え方が違うため、問題も人によって違ってきてしまいます。

また、漠然としたあるべき姿では、現状とのギャップも見えません。「よい会社にする」というあるべき姿に対して、現状が「利益10億円」だとした場合、ギャップがあるのか、ギャップがあったとして何がギャップなのかがわかりません。

そうならないよう、あるべき姿はできるだけ具体的に表現することが重要です。「誰が」「いつ」「何を」「どこで」「どのように」といったレベルまであるべき姿を描いてみると、問題は何かがよりクリアになってきます。

● あるべき姿に対応した現状を把握して問題を捉える

　問題は、あるべき姿と現状とのギャップです。あるべき姿を描いたら、現状とのギャップを捉えていきます。このとき、現状に関して何から何まで調べる必要はありません。端的に言ってしまえば、あるべき姿に関することだけ調べればよいのです。

　ある企業のあるべき姿が、「市場シェア20％以上を達成している」だった場合、調べるのは市場シェアに関する情報です。それ以外の情報、たとえば利益率の推移やコスト、従業員の意欲などを調べる必要はありません。いろいろな情報を集めすぎると、あるべき姿ではなく現状に目が向いて、集めた情報の中で思わしくないものを問題と捉えてしまうことがあります。そうなると本末転倒です。

　ここでの目的はあくまでもあるべき姿と現状との間にどの程度のギャップがあるのかをつかむことです。それを見失わないように注意することが必要です。

　　　使えるのはこんな場面！

● 自分が取り組むべきことを見つけたい場合は、「あるべき姿」と「現状」のギャップを探ってみる

03 2つの軸でシンプルに全体像をつかむ

—— マトリクス

困りごと……さまざまな条件があって、なかなか状況の見通しが立たない

マトリクスは、縦横の軸で複数の要素に区切ったものです。たとえば、2つの要素で区切った場合、2×2のマトリクスとなって4つの象限に分類することができます。

● マトリクスの活用の仕方

マトリクスを用いれば、軸の決め方によってデータをさまざまな形で分析することができます。2つの軸というシンプルな形のため、全体像をはっきりさせて分析を進めることができます。

マトリクスは、シンプルな形で全体像を網羅できるので、さまざまな活用の仕方ができます。

① 実データの分布の把握

マトリクスにデータを当てはめていけば、データ全体の傾向をひと目で捉えることができます。たとえば、ある営業所のメンバーの状況を調べる際、右ページの図のように担当する顧客の数と受注額という2つの軸でマトリクスを作成して、それぞれの象限に誰がい

分布をつかむマトリクス

るかを調べてみれば、「Bさんは顧客基盤を活用できていない」「Eさんは顧客あたりの売上が高い」というような、各担当者の特徴をひと目でつかむことができます。

② 相対的な位置づけの把握

　自社の商品は他社とどのように違うのか、自分自身にはどんな特徴があるのか。こうしたことをつかみたい場合、いろいろな特徴を列挙するだけではかえってわかりにくくなる恐れがあります。こうした場合、マトリクスの形でまとめてみると、はっきりとその特徴が見えてきます。

　マーケティングでよく使われるポジショニング・マップは、まさにこうした目的でマトリクスを活用したものです。次ページの図のように、ファッションブランドをターゲットの広さとカジュアルかフォーマルかという軸で分けてみると、競合となりそうなブランド

と違って自社ブランドはカジュアルな商品ラインで幅広いターゲットをカバーしている、という位置づけをつかむことができます。こうしたポジションを捉えることができれば、その後のブランド戦略や宣伝活動などに役立てることができます。

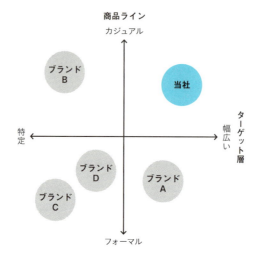

位置づけをつかむマトリクス

③ 優先順位づけ

マトリクスは4つの象限しかないのですから、その中での優先順位の置き方や戦略的な位置付けもはっきりさせやすいという特徴があります。どの象限をもっとも優先するのか、どのような戦略を用いるのか。こうしたことを考える際、マトリクスは有効です。

たとえば、右ページの図のように「緊急度」と「重要度」の2つの軸でつくられるアイゼンハワー・マトリクスは、まさに自分の抱えるタスクの優先順位を考える際に役立つものです。

優先順位をつけるマトリクス

重要度

	重要でない	重要
緊急	3番目に優先	最優先
緊急でない	最後に取り組む	2番目に優先

緊急度

　また、ボストン・コンサルティング・グループが開発したPPM（プロダクト・ポートフォリオ・マネジメント）は、「成長率」と「相対的市場シェア」の2つの軸のマトリクスによって、それぞれの象限の投資をどのようにするかを判断する材料として活用できます。

　このように、問題解決でマトリクスをうまく活用できると、複雑な状況でもシンプルな形で分析や判断を行うことができるようになります。

● マトリクスの「軸」に要注意

　マトリクスを活用する際に重要になるのが、「軸の置き方」です。この軸のとり方次第で、状況をはっきり示したり具体策を綺麗に整理できたりするか、それともマトリクスをつくった割には新たな発

見がほとんどないものになってしまうかが決まってきます。

　どのような軸を置くのがよいかは状況によって変わってきますが、1つ注意しなければならないのは、2つの軸の相関が強過ぎないものを選ぶという点です。2つの軸に強い相関があったりすると、マトリクスをつくっているようで結果的には1つの軸で見ているのと変わりなく、マトリクスをつくった意味がなくなってしまいます。

　たとえば、あるIT企業が実施している案件の状況をマトリクス化しようとした場合、案件に関わるメンバーの人数と案件にかかる総費用という2軸でとってみるとどうでしょうか？　1つの案件にかかる費用はメンバーの数におおよそ比例しますから、各案件はほぼ一直線になるでしょう。これでは、案件の規模という一面から見ているのと変わりません。

● マトリクスをより有効に活用するために

　マトリクスの形でまとめてみることは、それだけでも効果的です。その威力をさらに高めたい場合、次の2点を心がけてみるとよいでしょう。

① 軸の「違い」に注目する

　マトリクスは「軸の置き方」が重要です。ただ、それは目新しい軸を思い浮かべることが重要だ、ということではありません。あまり奇抜な軸を使ってマトリクスをつくろうとしても、結果的にはうまくいきません。

　そこで心がけたいのが、「その軸で何を示そうとしているのか」をはっきりさせることです。たとえば、飲食店のマトリクスで「価格が高い・安い」という軸を使おうとした場合、その軸にどのよう

な意味があるのでしょうか？　さまざまなものが想定されます。たとえば、ターゲット客（高い＝高所得者、安い＝それ以外）、利用シーン（高い＝とっておきの時に使う、安い＝普段使い）などがあるはずです。それをまずは意識することが大事です。

そうすることによって、各象限の特徴は何か、ある飲食店はどんなことを重視すべきかなどがはっきり見えてきます。

② 各象限にタイトルをつける

実際にマトリクスを作成する際に必ず必要になるわけではありませんが、そのマトリクスが使えるものになっているかを確認する意味でも、それぞれの象限にどんなタイトルがつけられるかを考えてみると、よりそのマトリクスの意味が見えてきます。

安易に軸を決めたりした場合、2つか3つの象限のタイトルは簡単につくのに、残りの象限のタイトルが思い浮かばない、といったことが起こりがちです。そうしたマトリクスは頭の中ではよさそうに見えても、実際には使いにくいものだったり現実に即していないものの可能性が高いといえます。

すべての象限にすんなりとタイトルが思い浮かぶようなマトリクスを作成できれば、そのマトリクスをもとに幅広い分析や判断ができるようになります。

　使えるのはこんな場面！

● さまざまな要件の中から思い切って2つの軸のマトリクスに整理してみると、全体像が見えてくる

04 問題点・原因・解決策を効率的に探る

―― ロジックツリー

困りごと……問題を細かく分けようと思うが、なかなか網羅的に洗い出すことができない

　ロジックツリーとは、MECE を意識しながら、上位の概念をより下位の概念にツリー状に分解したものです。ロジックツリーは、問題解決のさまざまな場面で活用できます。

　ロジックツリーを使いこなせるようになると、ロジカルに問題解決を行うときに必要となる「考えられるものを洗い出した上で、最も適切なものを選ぶ」ということができるようになります。ロジックツリーで MECE に考えられる候補を洗い出せば、それ以外のものを検討する必要はなくなるからです。

● ロジックツリーの3つの主な活用法

　ロジックツリーの活用法は、大別して次の3つになります。

① 問題点を特定する（「What?」のツリー）
　問題を具体化したい場合、MECE に問題点を洗い出すことが重要です。その際、ロジックツリーを使うと、具体的な問題点をMECE に洗い出すことができます。

② 原因を洗い出す（「Why?」のツリー）

　原因を探る場合も、まずは考えられる原因の候補（要因）を洗い出しておくことが重要になります。その際、思いついた要因を挙げていくだけでは、モレやダブリがでてきてしまいます。そこで、ロジックツリーを活用すると、幅広く要因を挙げることができます。

③ 解決策のアイデアの洗い出し（「How?」のツリー）

「Why?」のツリーで述べたことと同じことは、解決策を考える際にもいえます。解決策のアイデアもまったく気づかないものがあるわけではなく、本来なら思いつくことができるはずなのに視野が狭くなって思いつかないケースが出てくるのがほとんどです。ロジックツリーを作成してみると、こうした視野が狭くなって思いつかなかったアイデアはないかを確認することができます。

● 注意すべきポイント

　いずれも MECE を意識しながら分けていくことが基本になりますが、その際に注意するポイントは少しずつ変わってきます。

①「What?」のツリー：MECEな切り口をはっきりさせる

　次ページの図は飲食店の来店客の「What?」のツリーの例です。「What?」のツリーをつくる場合は、MECE な切り口を意識していくことが重要になります。この図でも、「新規・既存」「年齢別」「性別」という切り口でツリーをつくっています。「What?」のツリーでは、特にこうした切り口を意識しながら作成していくことが重要です。

　というのは、次第に切り口のことを忘れてしまって、思いついた

ものを列挙するだけのツリーを作成してしまうケースが多いからです。図の例でも、20歳代の新規来店客の次に「会社員」「学生」「アルバイト」といったように、切り口が明確になっていないままツリーを作成してしまうことがあります。そうするとモレやダブリが生じてしまうことになります。「What?」のツリーでは、あくまでも切り口をはっきりさせて作成していかなければなりません。

―――― ロジックツリー①　「What?」のツリーの例 ――――

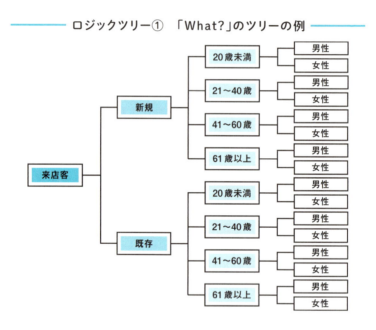

②「Why?」のツリー：同じレイヤーのレベル感

右ページの図は会議が長い原因を洗い出した「Why?」のツリーです。「Why?」のツリーを作成するときに難しいのが、MECEな切り口を挙げるということです。「Why?」のツリーでは、「What?」のツリーのようなはっきりした切り口を挙げるのが難しくなってき

ロジックツリー②　「Why?」のツリーの例

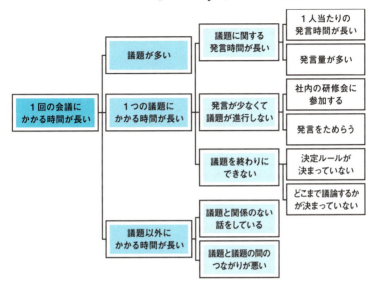

ます。そうすると、形はロジックツリーのようなものになっているが、実際には思いついたものを列挙しただけになってしまいます。

「Why?」のツリーをつくる場合、厳密にMECEだといえるような分け方を続けるのは難しいため、よりMECEに近い切り口を探ることが必要です。

そのとき心がけたいのが、「同じレイヤーでのレベル感」です。上図のツリーで見ると、最初のレイヤーは1回の会議全体を見て、会議が長くなる原因を挙げています。次のレイヤーの「1つの議題にかける時間が長い」原因は、あくまでも議題1つあたりで時間がかかる原因となるものです。これが、最初のレイヤーで会議全体での時間がかかる原因と1つの議題での時間のかかる原因が混在していたら、さらにツリーを作成していく際に混乱してしまいます。同

じレイヤーでは同じレベルで要素が挙がっているようにします。

③「How?」のツリー:「ほかにないか」の確認

　下の図は業務計画をうまくつくることができるようにするためのアイデアを出した、「How?」のツリーです。「How?」のツリーでも「Why?」のツリー同様、レベル感に注意することが大切です。同時に気をつけたいのが、「ほかにないか」という確認です。アイデア出しのような場合、意外と大きな観点での見落としが多くなることがあります。それは、ロジックツリーをつくっていても自動的に見つかるわけではありません。そこで、まずはツリーとして挙がっていることを挙げて、そのあとに「それ以外の原因はないか」「ほかのアイデアはないか」と自分に問いかけてみると、思い浮かばな

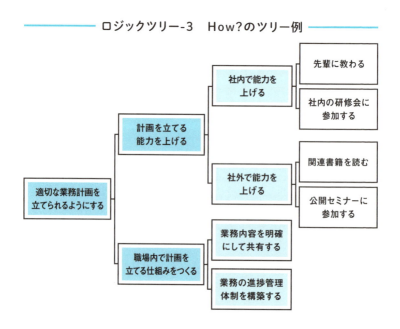

ロジックツリー-3　How?のツリー例

かった原因やアイデアも思い浮かぶ可能性が高くなります。

● ツリーは実際の確認をして初めて効果を上げる

問題解決でロジックツリーを活用する場合に忘れてはならないことがひとつあります。それは、ツリーを作成しただけではまだ問題解決の半分にも活用できていないということです。そのツリーをもとに実際はどうなのかを確認しなければ、ツリーも単なるお遊びになってしまいます。次のことまで行って、初めてロジックツリーをつくった意味があります。

①「What?」のツリー:実際のデータを各項目に当てはめてみて、どこが最も問題として深刻なのかを把握する
②「Why?」のツリー:実際にどれが原因なのかを観察や聞き取りを通じて確認する
③「How?」のツリー:どの解決策を実行に移すのかを選ぶ

ロジックツリーは、分析を進めたり解決策を考える際の頭の整理のために作成するものです。その点に注意しながら、ロジックツリーを作成していくことが重要です。

使えるのはこんな場面!

● 網羅的に洗い出すときにはツリーをつくってみる
● 問題点(What?)、原因(Why?)、解決策(How?)のツリーを使い分けてみる

05

切り分け方の幅を広げる

―― 因数分解

困りごと……MECEに切り分けていても、なかなか本質にたどり着いた実感がない

　ロジックツリーの項でも説明しましたが、分析の初期段階ではさまざまな観点から切り分けることが必要になります。その基本は第2章で紹介したMECEという考え方です。このMECEをさらに発展させると、切り分けるときの考え方がさらに広がります。

● 因数分解という発想

　MECEに切り分けるというのは、見方を変えれば要素を足し算的に分けるというものです。たとえば、自分の会社の社員を「男性」と「女性」に切り分けた場合、男性社員と女性社員の合計が全社員になります。この考え方を応用すると、足し算以外にも、引き算やかけ算、割り算を活用する切り分け方が見えてきます。

　実は、私たちは自然にこうした切り分け方をしています。たとえば、新聞で「A社の利益が倍増」という記事があった場合、サブの見出しは「海外での売り上げ増が貢献」や「コスト削減プロジェクトが奏功」などになっています。これは、暗黙のうちに利益を「売上－費用」という引き算で捉えているからできるのです。

―― 因数分解 ――

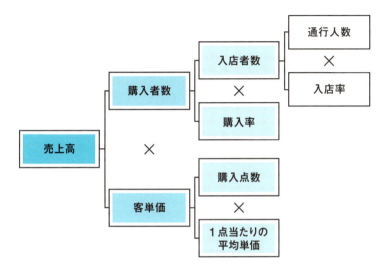

こうした観点での分け方を、この本では「因数分解」と呼びます。因数分解ができるようになると、切り分け方の幅が一段広がります。

● 問題解決で効果を発揮するかけ算での分解

因数分解の中でも、特にかけ算で分ける発想に慣れると、よりスピーディに問題の分析を進めることができるようになります。

たとえば、上の図のような形で、あるお店の来店客を因数分解したとします。この各項目に実際のデータを当てはめていけば、その店の問題点は何か、おおよそつかむことができます。

たとえば、「店の前の通行人数」が少なければ、立地面に問題を抱えていると想定できます。一方「入店率」が低ければ、来店促進が効果を挙げていないと考えることができます。このように、因数

分解してみることで細かい分析をしなくても問題点の目星をつけることができるのです。

これが足し算的な切り口によるツリーでは、何度もツリーの枝分かれを繰り返し、最終的には Why? のツリーを作成して確認するということをしなければなりません。かけ算による因数分解は、そうした手間を省いて短時間で問題点を発見するのに役立ちます。

こうしたかけ合わせには大きく2つのパターンがあります。そのパターンを理解しておけば、あとは自分で重要と感じた部分に目をつければ、かけ算をつくり上げることができます。

① あるもの×単位あたり

人件費は人数ベースで見れば、人数と1人当たりの人件費とのかけ算になります。ある部署の残業時間も人数ベースで見れば、人数と1人当たりの残業時間のかけ算です。

このように、因数分解する場合「あるもの」を設定すれば、簡単にさまざまなパターンのかけ算ができます。先ほどの図の例でいえば、客単価のかけ合わせでは商品と商品1つあたりの平均単価というものを使っていますが、このパターンです。

② 100%の状態×その専有率

もう1つは、100% の状態（理論上の最大値）を設定しておいて、現在その何割に達しているのかという観点でかけ算にするというパターンです。

図の例で言えば、購入客数のかけ算はこのパターンです。入店者の数以上に購入するお客様はいないのですから、入店者のうちどれだけが購入したのか、という観点から入店者×購入率で購入客数は

表すことができます。同様に、入店者も店の前を通らなければ入店できないのですから、店頭の通行人数×入店率となります。

● 具体的なイメージがかけ算の幅を広げる

こうしたかけ算の因数分解をする場合、専門知識が必要なわけではありません。状況を具体的にイメージすれば、さまざまなかけ算のパターンを思い浮かべることができます。前述した購入客数を入店者と購入率でかけ合わせるというのも、入店しながら何も買わないで店を出る人がいることを思い浮かべれば、思い起こすことはそう難しくありません。

同様に、スーパーの売上をかけ算で表す場合、そのスーパーの状況をイメージして、かけ算として使えそうなものはないかを思い浮かべてみます。そうすると「来店客×客単価」「営業時間×1時間当たり売上」「レジの数×1レジ当たり売上」「店舗面積×面積当たり売上」などとさまざまなものを思い浮かべることができます。

これらはいずれも、店内の状況を思い浮かべれば思い浮かぶものばかりです。こうしたイメージを糸口にかけ算化することを心がけてみてください。このようにかけ算化することは、自分の発想などをロジックに落とし込むことにもつながっていきます。

 使えるのはこんな場面！

- 足し算的な発想だけでなく、引き算・かけ算・割り算的な発想も加えてみる
- 具体的なイメージをもとに計算式をつくってみる

06 プロセスを問題解決に活用する

—— プロセス分析

困りごと……MECEに切り分けるだけだと、流れが見えない。計画を立てても、計画倒れになってしまう

　問題解決のときに有効な考え方のひとつに、「プロセスで考える」というものがあります。プロセスで考えることは、問題の分析や解決策の立案に役立つだけでなく、解決策を実行する際の計画を考える際にも役立ちます。

　右ページの図のように、営業活動をプロセスで捉えることができれば、このプロセスに沿ってどの活動がうまくいっていて、どの活動がうまくいっていないのかがわかります。

● 分析では各プロセスの成果物に注目する

　たとえば、営業活動を改善するための分析をする際、自分はどんな営業活動をしているのかを細かくプロセスに分けてみる、ということをよくやります。その際、意識したいのが、具体的な活動だけでなく、その活動による「成果物」にも注目するということです。

　何か活動をして生み出されるものを、「成果物」と呼びます。分析の際には、活動そのものに注目するだけでなく、その活動で生み

— 98 —

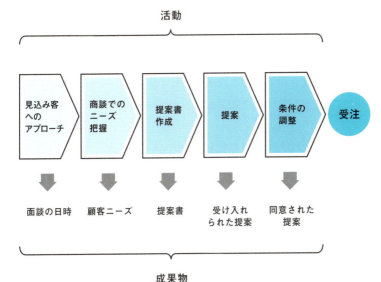

出された成果物にも注目します。図のように、営業プロセスでもそれぞれで成果物は何か、はっきりさせることができます。

　というのは、活動のレベルでは「ここが問題だ」ということを客観的に捉えることが難しいからです。たとえば、営業活動の分析をしている際、「提案書の作成がうまくいっていない」かどうかは、「提案書を作成する」活動を調べても、主観的な判断になりがちです。この場合、成果物としての提案書がどれだけ受注につながったかを見れば、提案書の作成がうまくいっていないのかどうかを分析することは簡単にできます。

● 計画策定では必然性のある流れをつくる

解決策を実行する計画を立てる際に重要なのは、その計画が「必然性のある流れになっているか」ということです。行き当たりばったりに思いついたアクションを列挙して計画としていたら、実際にうまくいくことはほとんどないでしょう。

ここでの必然性のある流れとは、次の2点があります。

① アクションのつながりにトビがない

あるアクションと次のアクションの間にトビがあると、必然性がなくなっていきます。たとえば、「飛び込みで、ある企業を訪問した。その企業から受注が取れた」というような流れは必然性があるでしょうか。飛び込みで訪問すれば、必ず受注が取れるわけではありません。訪問してから受注するまでの間には、おそらくいろいろなことをしなければならないはず。つまり、「それぞれのアクションの間に飛躍のないこと」が必然性を持たせる1つ目の条件です。

② 最終的なゴールに必要なアクションが網羅されている

ゴールまでには、いろいろなアクションが必要になります。会議を開催するためには、その前に「会議日時の決定」「会議のメンバーの招集」「会議室の予約」をしなければなりません。つまり、必然性をもたせる2つ目の条件として、「ゴールに必要なアクションが過不足なく挙がっていること」があります。

● 必然性のあるプロセスをつくるための考え方

将来のことは誰にも予測できませんから、確実に必然性のあるも

のにするのは現実には難しいでしょう。しかし、少しでも必然性を高めることはできますし、そうした少しでも必然性のある流れのほうが役に立ちます。それは、予測不可能な将来を少しでもコントロール可能なものにしていくことにつながるからです。

その際には、ゴールから考えるという発想が必要です。ここでは、その考え方を「逆算思考」と呼びます。

「ゴール」から考えるということは、「〇〇をするためには、その前に△△をしておかなければならない」という発想を繰り返していくことです。たとえば、部下へ何か指示をしようと思っている場合、次のような要領で考えていくことになります。

「部下が自分の指示をできるようになるためには、指示を理解できなければならない。そのためには、指示内容をわかりやすくするのと同時に、部下の力量も知っておかないといけない。それから、部下にやる気がなかったら、指示を理解してもやらないだろう。さらに、指示をこなす時間もある程度必要になるだろうから、そこも確認しなければ」

このようにプロセスを考えておけば、思わぬところで足をすくわれることはなくなります。これが逆算の発想です。この発想ができるようになるだけで、「絵に描いた餅」のような計画を相当減らすことができるようになるでしょう。

 使えるのはこんな場面！

- 自分の仕事の流れをプロセスに落とし込むときには成果物も一緒に挙げてみる
- 計画を立てるときは、ゴールから逆算したプロセスを作ってみる

07

「なぜ?」を繰り返す

―― 原因の把握

困りごと……問題が起きた原因を考えても、表面的と言われる

　問題の本質をつかんで解決策を考えたい場合、問題が起きた原因をつかむことは欠かせません。対症療法的な対応で十分なのであれば原因を探る必要はありませんが、問題そのものをなくしてしまいたい場合は、その原因に手をつけなければ、問題が再発する可能性があるからです。

　たとえば、クレームがあったとき、謝罪するという対応は欠かせないでしょうが、謝罪をしているだけでは同じようなクレームが再度起こってしまうかもしれません。クレームの起こった原因を探り、その原因に対する解決策を考えなければなりません。

● 問題解決での原因の探り方

　問題解決で原因を探ると言っても、その基本は第2章で紹介した「因果関係」にあります。因果関係を無視した形で、原因を探ることはできません。

　しかし、ビジネスシーンではさまざまな原因が複雑に関係し合って問題となっていることがほとんどです。そこで、問題解決の際に

心がけたいポイントについてまとめてみます。

● 幅広く原因を挙げる

　問題解決で心がけたいのは、原因を1つに決め打ちしないで、考えられる原因をまずは幅広く洗い出してみることです。

　そこで難しいのが、思いつく原因を挙げていくと、いろいろな原因が出てきてしまって整理できなくなってしまうことです。

　このときに心掛けたいこととして、以下の2点が挙げられます。

① いきなり個別具体的な原因にいかない

　いきなり具体的な原因を考え始めると、さまざまな原因が思いついてしまいます。おまけに、具体的に原因を挙げていくと、どうしてもヌケモレが出てしまいます。まずは大枠で「こんな原因がありそうだ」ということをつかみ、それから具体的な原因を挙げていくようにするのがよいでしょう。

　たとえば、時間通りに会議が始まらないことの原因を挙げる場合、個別具体的な原因を挙げ始めると「開始時間の通知が徹底していない」「開始時間になってから会議室に移動する」「遅れて会議に出席すると、自分が忙しそうに見える」などのように、いろいろな原因が挙がってきりがありません。

　そこで、大枠で「開始時間を知らない」「開始時間に別のことをしている」「あえて開始時間に遅れてやってくる」などのように原因を捉えてから、より具体的な原因を挙げていくと幅広く原因を挙げることができるようになります。

② 視点を統一する

幅広く原因を挙げようとすると、似たような内容の原因が挙がったりして、混乱することがあります。それはいろいろな立場の目から原因を挙げているからです。そうすると、同じような原因も見方が違うだけで異なる原因のように見えて、収拾がつきません。

そこで、視点を統一してみると、うまく原因を整理することができます。一見雑多に見える原因も、視点を統一するだけですっきり整理することができるようになります。そうすると、結果的にはより幅広く原因をつかむことができるようになります。

先ほど挙げた、時間通りに会議が始まらない例でも、「会議を企画・運営する側」と「会議に参加する側」という2つの視点から原因を挙げることができそうです。まずはどちらか一方の視点から原因を挙げ、そのあと、次の視点から原因を挙げていくような工夫も考えられます。

前に説明した「Why?」のロジックツリーを活用すると、これまで述べた点もクリアした形で幅広く原因を挙げることができるようになります。

● 原因を掘り下げる

何か問題が起きたら、「なぜ?」を問いかけることはとても重要です。その際に心がけたいのが、「なぜ?」を何度も問いかけるということ。よく「『なぜ?』を5回繰り返す」という言葉を耳にします。こうした言葉に代表されるように、「なぜ?」を繰り返すことで、本質的な問題や原因が見えてきます。

「なぜ?」を1回だけ問いかける程度では、改善策も表面的なもの

— 104 —

「なぜ?」を繰り返す

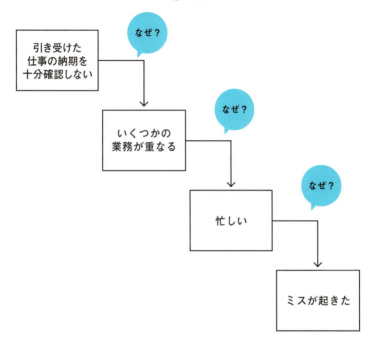

になってしまいます。上の図のようにミスが起きた原因を探るとき、「忙しかったから」で終えてしまっては、その解決策としては「ゆとりをもって行動する」というような精神論的なものしか出てきません。ここは、もう少し丁寧に「なぜ?」を考えてみることが重要です。

たとえば、「なぜ忙しかったのか?」を振り返ると、「いくつかの業務の締め切りが重なってしまった」という原因が見えてくるかもしれません。この原因に対してさらに「なぜ締め切りが重なったのか」を考えてみると、「それぞれの納期を十分確認せずに引き受けてしまったから」という原因に行きつきます。このような原因が見

えてくれば、「仕事を引き受ける際には納期を確認し、他の業務とのバッティングがないかを確かめてから引き受ける」という対応策が見えてきます。

このように、「なぜ？」を繰り返すことで、より本質的な対応策を考えることができるようになります。

● 原因を探るときに注意したいポイント

最後に、問題解決で原因を探る際に注意したい点を2点挙げておきます。

① 丁寧かつ具体的に因果関係を捉える

たとえば、「残業が多い」原因を、いきなり「業務効率が悪い」としたらどうなるでしょうか。「誰の効率」が悪かったのかわかりませんし、「どんな業務」の効率が悪いのかも見えてきません。これでは、誰のどの業務を効率的にするのかがわかりません。

具体性に欠ける原因の捉え方では、解決策に結びつきません。そもそもそれが本当に原因なのかすら、確認できないでしょう。性急に一般論レベルでの因果関係を捉えても、解決策を考えるのには使えません。

重要なのは、一度で正解を探し当てることではなく、さまざまな原因の可能性を検討しながら、どのような原因が今回の問題に影響しているのかを確認していくことです。

② 特定の個人や組織の攻撃と原因の追究は異なる

原因を追究した場合に起こりがちなのは、「○○さんが悪い」「○○部が悪い」というもの、つまり特定の個人や組織に原因があると

いう結論に落ち着くケースです。こうした特定の個人や組織に原因があるとするのは、一見原因の根本がわかったように感じますが、実際には感情的にその人や組織を攻撃するだけに終わり、問題解決に結びつかないことがほとんどです。

このような発想になるのは、原因を探ることと責任の追及とが同じように見えるからです。もちろん責任の所在を明らかにすることは大事ですが、それは問題解決とは別の話です。責任者がわかったところで、問題は解決しません。問題解決という点に焦点を当てるなら、特定の個人や組織に原因がある、という点で止めないことが大切です。

仮に特定個人に問題があるなら、その個人の何に問題があったのか、なぜその個人が問題を引き起こすような状況なのかを追求していくほうが生産的な問題解決に結びつきます。

 使えるのはこんな場面！

● 本質的な原因を探りたいときには、「なぜ?」を繰り返してみる
● 原因が見えてきたときも、ほかに原因がないかも確認しておく

08 問題点同士の関係を図にする

—— 因果の構造化

困りごと……いろいろな部署が関係していて、なかなか状況を見渡すことができない

　因果関係を探っていくと、問題点同士の関係が見えてきます。こうした関係を図で示すことを問題の構造化と呼びます。問題の構造化によって、各問題点がどのような関係になっているかを捉えることができ、どこに手を打てばよいかがわかりやすくなります。

● 大きな問題をつかむ際に有効な因果の構造化

　特に、幅広い関係者が関わっている問題の場合、因果の構造化をしておくと自分たちのしていることがどのような影響を与えているのか、逆に自分たちは誰の影響を受けているのか、ということを幅広く捉えることができます。そうすると、直接、問題には関係していないように見えても、実は問題解決の鍵となっていることがわかったりする、ということが見えてくるようになります。

　たとえば、「納期が遅れている」という状況に対して、図のような構造化ができれば、不良品や生産計画、突発的な対応といったさまざまな要因があることがわかり、それらに手を打つとどのように問題が解決していくのかがわかるようになります。

―― 因果の構造化 ――

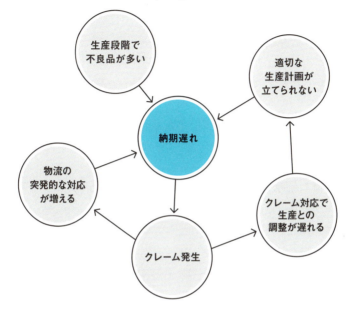

 また、対応策として取ったのに効果が出ないのはなぜかも見えやすくなります。上の図の例でいえば、クレーム対応に関する生産との調整をしっかり行うようになったら、すぐに納期遅れが解消するわけではありません。実際に調整が早くなることで生産計画が修正されるようになって、初めて納期に合った生産ができるようになるのです。この場合、生産との調整は短期的には効果が出てきませんが、やっておく必要のある解決策だということがわかります。

● **構造図をつくる**

 構造図をつくる場合、大きく分けて2つのやり方があります。

① 問題に対して「なぜ？」を繰り返していく

1つには、問題となっている事象を1つ挙げ、その事象に対して「なぜ？」の問いかけを繰り返したり、幅広く要因を挙げてみながら構造図にしていくというやり方があります。最初はツリーのように幅広く要因が挙がるだけかもしれませんが、続けていくと同じ要因が出てきたり、個々の要因の間で実は因果関係のあることが見えてくるなどして、構造図のようなものになっていきます。こうして考えられるつながりを示すことができれば、構造図は完成です。

② 関連しそうな情報を集めてつなげていく

もう1つは、問題となる事象を挙げるのではなく要因となりそうなものを結びつけていくというやり方です。

この場合、強引につなげてしまうと構造図としての妥当性に欠けるものになってしまう恐れがありますので、次の流れを踏んでいくことが必要です。

1. 手元にある情報のレベルで関連づけをする

まずは、少々の飛躍があっても構わないので、入手できた情報をつなげてみて、仮の構造図をつくります。

2. 丁寧に関連づける

仮の構造図を見て改善したい点があれば、それを補っていきます。もちろん補ったものが事実かどうかの確認をしていくことは欠かせません。これで、ひとまず構造図自体は完成です。

3. 因果の強そうなところをハイライトする

情報を加えていけばそれだけ細かい構造図になります。どの程度

の細かさがよいかは一概には言えませんが、一覧できるレベルを超えるようなら、特に重要な部分にフォーカスする必要があります。ここでいう重要な部分とは「因果関係が強い」という意味です。

●「主体」が変わるところは注意

構造図をつくる際のポイントは、前の項で紹介した内容でほとんどカバーできていますが、1点追加します。

先ほど述べたように、構造図はさまざまな組織や関係者が登場することが多くなります。基本は原因と結果でつながっているかを確認すればよいわけですが、原因と結果の主体が異なる場合は、本当につながるかに注意する必要があります。

実はこの部分は、原因と結果の間にトビがあったり、漠然とした原因で留めてしまったりするなど、大雑把につなげてしまう可能性が高くなります。そうすると、ある組織でしたことを別の組織が引き継ぐ部分に原因が潜んだりする場合も、見逃してしまう恐れがあります。

こうしたことにならないよう、「主体」が変わるところは本当に原因と結果でつながっているか、他の原因などがないかに一段と注意をする必要があります。

 使えるのはこんな場面！

●それぞれの部署がやっていることをつなげてみる

09 ベストな解決策を つくり、選ぶ

—— 解決策の立案

困りごと……問題点ははっきりしたが、さまざまな制約があって どう解決すればよいかわからない

　問題解決の最後のステップは、解決策を考えることです。これまでの問題解決でのステップ同様、解決策を立案する場合、特定の解決策を決め打ちするのではなく、幅広くアイデアを出して、その中から最も適切なものを選ぶという流れで進めていくことが必要です。

● 自分が大事にしたいポイントをはっきりさせる

　ここで気をつけたいのは、適切な解決策を選ぶのは、自動的に正しい答えが導き出されるようなものではないということです。さまざまな要素を方程式のようなものに当てはめてみれば、正しい解決策が導き出されるようなら話は簡単ですが、実際にはそういうわけには行かず、長所もあれば短所もある解決策の中から、自分が「ベストだ」と考えるものを選ばなければなりません。その意味で、解決策を考える際には重要だとか大事にしたいというポイントを自分なりにはっきりさせる必要があります。

　このように書くと、「解決策は主観的な好き嫌いで決めてよいということか」と感じるかもしれません。最終的には主観的な決め方

にはなりますが、それまでにその主観がいかに適切なのかを確認し、必要なら相手に説明できるようにすることが大切になります。そのためにしておきたいのが、これから説明する3つのことです。

● 幅広く解決策のアイデアを洗い出す

　自分の選んだ解決策が適切だと示すためには、ほかにもいろいろなアイデアも検討した上であることを示さなければなりません。また、アイデアをいろいろ挙げてみれば、その中でより効果的なものが見つかるかもしれません。その意味で、まずは解決策のアイデアを幅広く挙げてみることが重要です。

　解決策を洗い出す際には、前に紹介した「How?」のロジックツリーを活用してみるのが有効です。ロジックツリーを使って考えると、それまで出てこなかったアイデアが思い浮かぶ可能性が高まります。その際、まずは「問題を解決するのにどのようなやり方があるか」という観点から洗い出していきます。

　解決策を洗い出す際に心がけたいのは、できるだけ「性質の異なる」解決策を挙げるということです。いくらたくさんのアイデアが挙がったからといって、似たようなものばかりでは、のちに触れるパッケージにできません。

　たとえば体重を落とすために、食事制限のアイデアばかり挙げていたら、実行に移す前にうんざりしてしまうでしょう。食事制限だけでなく運動などでカロリーを消費しやすい体質にするためのアイデアも挙がっていれば、食事制限と運動の組み合わせができるなど、体重を落とすためのやり方も幅が出てきます。まったく性質の違ったアイデアも出せるようにする。そのためにロジックツリーを使っ

— 113 —

てみることは効果的です。

● 解決策の選定基準は明確にしておく

　自分の選ぶ解決策が適切だと納得してもらうために重要なのは、ほかのアイデアより優れていることを示すことです。そのために、それぞれのアイデアを共通の基準で評価します。その際に是非考慮したいのが、判断基準と制約条件です。これらを考慮しない解決策は、いかに斬新に見えても、現実性のない思いつきにすぎません。

① 判断基準

　自分がよいと考えた解決策に納得してもらうためには、どんな基準でその解決策がよいのかを説明できなければなりません。それが、自分が解決策を選んだ基準でもあります。つまり、解決策を選ぶ際には、何らかの判断基準をもとにしているのです。

　判断基準として一般的によく挙がるのが「効果」「コスト」「時間」でしょう。もちろんこれ以外にも「実現可能性」や「リスク」といった基準もあります。このうちどれを優先するかは、判断する自分次第です。

　いかによさそうなアイデアでも、自分の求める基準に合致しないものは、解決策として選ぶべきではありません。体重を落とすアイデアを選ぶ際の判断基準として、効果や時間などに加えて、「自分のやる気が続くか」というものも考えられます。もし、判断基準としてやる気を重視するなら、体重を落とすアイデアの中でも、一般的に効果があると認められるものではなく、自分がやる気を持って取り組めるものを選ぶべきということになります。

— 114 —

②制約条件

判断基準と同様に注意すべきなのは、制約となる点です。制約として典型的なのが、予算があります。買い物をするとき、予算の上限が決まっていれば、いくら魅力的な商品でも予算オーバーなら買うことはできません。つまり、買い物では予算が制約条件となるのです。

これは、ビジネスシーンでも同じです。予算だけではなく時間的制約、人員面での制約など、さまざまな制約の中でベストの解決策を選ぶことが必要になります。

● パッケージとしての解決策

解決策を選ぶといっても、最もよい解決策を1つだけ選ばなければならない、というわけではありません。むしろ、全体として効果的になるよう、複数の解決策を組み合わせる、いわば解決策のパッケージをつくるという姿勢が大切です。どんなによいアイデアでも、そのひとつで問題をすべて解消するようなものはなかなかありません。であれば、複数のアイデアを組み合わせて行ったほうが、問題の解決という点では適切です。

その意味では、解決策が問題の一部の解消にしかつながらなかったり、副作用の恐れがあったりしても、その解決策は使えない、とあきらめる必要はありません。他のアイデアと組み合わせながら取り入れていけばよいわけですから。

その際に必要なのは、それぞれのアイデアがお互いを補い合っているか、という視点を持つことです。全員が四番打者の野球チームが決して得点力があるわけではないのと同じように、斬新なアイデアや見た目に効果のありそうな解決策を並べ立てるのがよいわけで

はありません。解決策全体のバランスにも気をつけることが求められます。言い換えれば、それぞれの解決策の役割がはっきりしていて、その役割をすべて足し合わせていけば問題が解決するだろう。こんな組み合わせ方になっていると、よい解決策のパッケージといえるでしょう。

その際に重要になってくるのが、前にも触れたようにどれだけ性質の異なるアイデアが出ているかです。体重を落とすための解決策を挙げている場合、「○○を食べない」というようなものばかりでは、最終的に食べるものがなくなってしまいます。この視点だけでなく、「運動をする」「食事の頻度を見直す」「生活リズムを一定にする」などの異なる性質のアイデアを組み合わせていけば、トータルでのダイエットの効果も上がるでしょう。

パッケージ化がうまくいくかどうかは、このように性質の違うアイデアがどれだけ挙がっているかにもかかってきます。

 使えるのはこんな場面！

● 解決策が思い浮かんだら、他のやり方も思い浮かべてみる
● 使えそうにないアイディアも、別のアイディアと組み合わせられないか考えてみる

第 4 章

ロジカルに伝える技術

問題解決を実践する上では、自分の考えを相手にわかりやすく伝え、説得力を高め、効果的に人を動かすコミュニケーションも重要。伝えるだけではなく、質問や議論を上手に行うための技術も解説します。

01 「自分本位」の説明に なっていないか?

—— 説得力を高めるための3要素

困りごと……自分の思っていることがうまく伝わらないが、どこを見直せばいいのかわからない

　自分の考えを相手に伝える目的は何でしょうか?

　それは、相手がその内容を理解し、最終的には納得することです。そこで、メールや発表、プレゼンテーション、報告書、資料などで自分の考えを伝える際にまず気をつけなければならないのは、「自分の説明を相手が理解できているか?」ということです。

　言われてみれば当然のことのように感じるかもしれません。しかし、メールの送信ボタンを押したら「説明は終わったな」と感じる、プレゼンテーションで言いたいことを間違いなく話すことができたらひと安心、というケースはよく見られます。ここでの伝える目的から見れば、まだ伝えるべきことの半分も済んでいないということになります。

● 自分の考えを伝えるために考えるべき3つの要素

　伝える目的を考えると、相手に自分の考えていることを理解し、納得してもらうために、右ページの図に示すように、大きく分けて3つの要素に注意する必要があります。

―― 説得力を高めるための3要素 ――

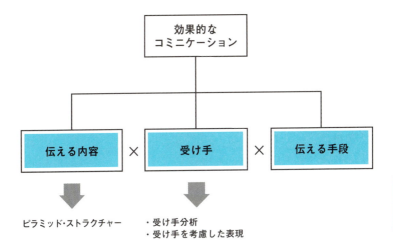

① 伝える内容

1つ目は「伝える内容がわかりやすいか」ということです。ここでのわかりやすさは、表現や言葉の使い方以上に、主張の筋が通っているかによって左右されます。説明している内容一つひとつはわかっていても、どうやって結論に至るのかがはっきりしないと、結論に納得できませんし、なぜその結論がいえるのかも理解できないでしょう。その点から、自分の伝えたいことはどのように組み立てられているのかがわかりやすくなっていることが、1つ目のポイントになります。

その際、まずやっておかなければならないのが、自分の頭の中で伝えたいことをしっかり整理することです。わかりにくい説明をよくよく振り返ってみると、実は何が言いたいのか、そしてそれはど

うして言えるのかを自分の頭の中でも十分整理できていないことが多いのです。そこで、どうやって伝えようかと考える前に、「伝えたいことはどんな風に整理できるか」を確認する必要があります。伝えたいことを整理しないまま説明しようとすると、思いついたことを羅列していきなり結論を述べる、というような飛躍した内容になってしまいます。

② 受け手

2つ目は「伝える相手、つまり受け手のことをしっかり考慮しましょう」ということです。受け手の感情や知識レベル、そのときの状況などを勘案しながら、何をどのように伝えればよいのかを決めていきます。「ロジカルな説明になっていればわかりやすくなっているはずだから、きっと受け手はわかってくれるだろう」と考えるのは危険です。双方で共通の前提がなければ、いくらロジカルに構成されていても理解するのは難しいでしょう。

そこで重要になるのが、受け手はどのような人なのかを理解することです。たとえば自分が伝えたいと思っていることについて何を知っていて何を知らないのか、どのような関心を持っているのかをつかんでおけば、重点的に説明する部分や説明を省いてもよさそうな部分がはっきりしますし、どんな展開で説明すると関心を持って聞いてもらえるのかをつかむことができます。

③ 伝える手段

ひと口に「伝える」といっても、いろいろなやり方があります。たとえば、口頭で説明したり、電話を使ったりするやり方があります。また、メールを読んでもらったり資料にまとめたりすることもあります。さらに、プレゼンテーションもあります。ひと口にプレ

ゼンテーションといっても、少人数の相手に親密な雰囲気で行う場合もあれば、大人数の聴衆に対して大きな会場でフォーマルな形で行うこともあります。こうした伝え方の違いに注意するのも、わかりやすい説明には欠かせません。

　こうした伝え方は、大別すると「書いたもの」なのか「話したもの」なのか（受け手からすれば、読むのか聞くのか）の2つに分けることができます。同じ内容のことを説明しようとしても、書く場合と話す場合とでは、その内容や順序などは大きく変わってきます。

　伝え方は必ずしもあらかじめ決められているものではなく、ある程度は自分でコントロールできることでもあります。その場合、自分で「どのような場面で、何を使って伝えるのがベストか」を考えなければなりません。いつもメールで依頼している相手でも、依頼内容によっては対面で説明したほうがいいことも数多くあります。このような例では、伝える手段として何が適切なのかを自分なりに判断しているのです。

　こうした「伝える内容」「受け手」「伝える手段」の3つを考慮しながら、受け手の理解につながるような説明の仕方を考えていくのが、わかりやすい説明の第一歩です。

 使えるのはこんな場面！

● 伝えるときには「内容」「受け手」「手段」の3点のバランスが取れているかを確認してみる

02 論理の展開を
図で整理する

── ピラミッド・ストラクチャー

**困りごと……説明をしているうちに、飛躍したり関係ないことを
説明したりしている**

　説得力を高めるために注意したいポイントのひとつに、「説明する内容がわかりやすく、筋が通っていること」があります。それを実現するためには、まずは自分の頭の中で「何が言いたいのか、その理由は何か」がしっかりと整理されていなければなりません。

　ただ、いろいろな言いたいことを頭の中で整理するのは難しいのが現実。そこで説明内容をしっかりとしたものにするため、「ピラミッド・ストラクチャー」を活用するのが効果的です。

● ピラミッド・ストラクチャーとは

　ピラミッド・ストラクチャーとは、米国のコンサルティング会社、マッキンゼーに所属していたバーバラ・ミントが体系化したもので、自分の主張がどのような論理展開になっているかを図式化したものです。「複数の根拠をもとに主張が組み立てられる」という考え方をベースに、主張と根拠を何階層も積み重ねたものです。

　右ページの上図にピラミッド・ストラクチャーの考え方を、下図に例を挙げますが、上の図で一番上にあるメッセージを「メイン・

ピラミッド・ストラクチャー

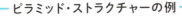

ピラミッド・ストラクチャーの例

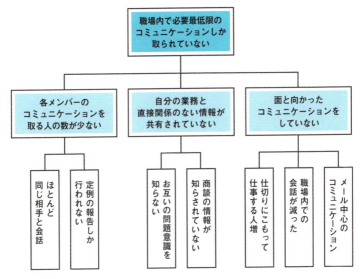

メッセージ」、2層目にあるメッセージを「キー・メッセージ」と呼びます。

メッセージとは、自分の考えを文章にまとめたものです。メイン・メッセージは、自分が最終的に伝えようとしていること、つまり「論理展開全体の結論」ともいうべきもの。一方キー・メッセージは、メイン・メッセージを直接サポートする「根拠」です。

前ページの例のように、ピラミッド・ストラクチャーの形で主張と根拠のセットを積み重ねていくことで、相手が納得できるようなロジックを組み立てることができるようになります。

● メッセージをつくる

ロジックを組み立てる、という観点から考えると、ピラミッド・ストラクチャーでのメッセージは、次の2つの条件を満たす必要があります。

① 文章で表現されている

メッセージとは、自分の伝えたいことそのものです。したがって、自分の考えていることが誰にでもわかるようにしておくことが必要です。メッセージを項目や見出しのような形でまとめているケースを見かけますが、主語（もしくはメッセージの主体）と述語を組み合わせた文章で表現することがメッセージの基本になります。

② 1つのメッセージで伝えるのは原則として1つだけ

1つのメッセージの中に、言いたいことをあれもこれもと詰め込んでしまうと、結局、何を伝えたいのかがわからなくなってしまいます。最終的に何を言いたいのかが1つに絞り込まれているメッ

セージが求められます。

● ピラミッド・ストラクチャーでロジックを組み立てる

ピラミッド・ストラクチャーは、自分の伝えたいことを組み立てていく際に役に立ちます。つまり、自分の伝えたいことがどんな理由で構成されているのかをはっきりとさせます。

自分の伝えたいことを支える理由として、さまざまなデータや事実があります。何も整理せずに思いついたまま並べているだけでは、それを理解するのは難しくなります。そこで、さまざまな理由を似たようなものでまとめていくことが必要になります。こうして理由をまとめ、並べていくことを繰り返すと、伝えたいことがしっかりと根拠でサポートされた論理展開となっていきます。

こうしたことを実現するために、ピラミッド・ストラクチャーを作成する際には、「主張と根拠の整合性」「根拠のヌケモレ、ダブリとレベル感」の2つに注意する必要があります。

① 主張と根拠の整合性

注意しているつもりでも、メッセージと関係のないものがサポート情報に含まれてしまったり、メッセージの一部をサポートする情報が欠けていたりするケースがあります。メッセージはサポート情報すべてを使っていえることか、メッセージを裏づける情報は過不足なく揃っているかをチェックする必要があります。これを確認するためには、ピラミッドのタテ方向に「So What?」「Why?」という問いかけをしながら、主張と根拠が納得できる形で結びつくようにします。

また、主張と根拠が正しい論理展開になっていることも大切です。

たとえば、メッセージ間に因果関係があればそれが適切に反映されているかどうか、論理展開として不自然でないかを確認します。

② 根拠のセットとしてのヌケモレ・ダブリとレベル感

　ピラミッド・ストラクチャーの同じレイヤーにある情報やメッセージにヌケモレ・ダブリがあったり、レベル感が違ったりしていないかも大切です。ここで大きなヌケモレがあったり、同じ内容の説明を繰り返し行っているようだと、バランスの悪い伝え方になってしまいます。

　これらは頭の中で思い浮かべるだけでははっきりとは見えてきませんが、書き出してみると、意外と簡単に気づいたりするものです。また、同じ内容の根拠を繰り返しているだけのこともあります。そういった観点から、不足したりダブったりしている根拠はないかを確認します。

　レベル感が違うとは、ある根拠は具体的で、それ以外の根拠はひどく抽象的といったケースです。たとえば、ある根拠は具体的な事例であるにもかかわらず、残りは複数の事例から推定した一般論の場合、受け手からすると、最初の説明で具体的な事実をベースに説明されると感じていたのがいきなり一般論で説明されるように感じて、違和感を覚えるでしょう。こうした根拠のレベル感の違いも、並べてみるとはっきりとします。主張の直接の根拠として適切なほうに合わせていきます。

　このように、ピラミッド・ストラクチャーをつくる際には、単にメッセージとそのサポート情報の整合性を見るだけでなく、同じレイヤーのメッセージのバランスやヌケモレ・ダブリにも注意しなければなりません。

● ピラミッド・ストラクチャーの活用

ピラミッド・ストラクチャーが完成すれば、実際に伝える場面で活用できるようになります。まず、どの順序で説明するのがよいのか、どの順序で説明すると話が脱線してしまうのかを確認することができます。

また、さまざまな伝え方への応用も簡単です。プレゼンテーションの資料を作成する場合は、それぞれのメッセージを1枚のスライドで説明することを原則とすれば、個々のスライドで何を伝えたいかもはっきりしますし、全体の統一感を持たせることもできます。また、報告書やメールなども、言いたいこととその理由をはっきり区別して示すことができるようになります。

このように、ピラミッド・ストラクチャーをつくり、それをベースに伝え方を考えていくことで、より説得力のあるわかりやすい内容にしていくことができます。

 使えるのはこんな場面！

- 伝えたい内容はまず図に書き出して整理してみる
- ピラミッド・ストラクチャーで整理すれば、その内容はさまざまな場面で活用できる

03 トップダウンの ピラミッド・ストラクチャー

—— 代表的な作成プロセス①

困りごと……提案したいことを論理立てて説明したいが、思いつきに見られないか不安

　ピラミッド・ストラクチャーを活用して伝えたい内容を組み立てていく場合、大きく分けて2つのやり方があります。

　右ページの図のように、まず伝えたいことが思い浮かんで、それに理由を肉づけしていくようなやり方（トップダウン）と、具体的な事実やデータをまとめていきながら、最終的に伝えたい内容を積み上げていくやり方（ボトムアップ）です。

　実際にはどちらか片方のやり方だけでピラミッド・ストラクチャーを組み立てていくことはなく、両方を組み合わせていきます。ただし、それぞれでロジックの組み立て方のポイントは変わってきますから、それぞれの考え方について紹介していきます。

● トップダウン型アプローチでの組み立て

　トップダウン型アプローチの場合、伝えたいことは明確な場合が多いので、注力しなければならないのは、主張が「思いつき」「思い込み」ではないことを示す、つまり伝えたいことの全体像をしっかりつくることです。

―――― 代表的な2つの作成プロセス ――――

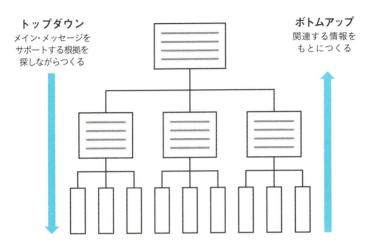

そのためには、まずは主張の根拠となりそうなものを挙げて、根拠のセットとしてのヌケモレ・ダブリやレベル感について確認することが重要です。根拠を挙げる際には、「なぜそう言えるのか？」という問いかけをしっかり行いましょう。

● トップダウン型アプローチの基本手順

では、まずトップダウン型アプローチの作成ステップを見ていきます。

① 思いついた根拠の列挙
まず、結論（メイン・メッセージ）の根拠と考えられるものを挙げ

てみます。この段階では、ヌケモレがないかなどを気にせず、5〜6個ほど思いついたものを挙げてみる程度で十分です。

② 根拠のグルーピングとチェック

　根拠が挙がったら、それをいくつかにグルーピングします。思いついた根拠をグルーピングしてみると、説明の欠けている部分が見つかったり、同じような根拠があることに気づいたりするでしょう。そして、グルーピングした内容を比べてみると、それぞれのレベル感が合っていない箇所も見えてきます。

③ 根拠の修正

　チェックをして見つかったところに対して、新たに根拠を加えたり削除したりする、そして似たような根拠をまとめるなどの修正をして、根拠のセットをつくります。さらに、まとめた根拠を支えるための根拠を挙げ、過不足などを調整します。

④ 全体の整合性チェック

　最後に、それぞれの根拠をメッセージとして表現して、全体の整合性をチェックします。たとえば、キー・メッセージはその下の根拠から「So What?」と問いかけた答えとなっているか、メイン・メッセージから「Why?」と問いかけた答えとして適切か、といった具合です。

　なお、以上は考え方の基本であり、実際のケースでは、繰り返してグルーピングを行うことによって、階層がさらに増える場合もあります。

● トップダウン型アプローチでのポイント

　このアプローチでのポイントは、まず思いついた根拠を挙げて、それをまとめてから、不十分なところをチェックするという流れにあります。

　自分の中である程度主張がはっきりしている場合、いきなりモレなく根拠を挙げようとするのは難しいものです。そこで、考える材料として思いつく根拠をまず挙げてみます。

　ただ、思いついた根拠を漫然と並べるだけで満足せずに、納得性の高い骨格に仕立て上げていくことを忘れてはなりません。

 使えるのはこんな場面！

- 伝えたい内容がある程度決まっている場合は、根拠を整理・修正しながらロジックを組み立ててみる
- 根拠に大きな見落としがないかの確認もしておく

04 ボトムアップの ピラミッド・ストラクチャー

── 代表的な作成プロセス②

困りごと……いろいろな情報をどう整理して伝えればよいかわからない

　次に、事実やデータをもとに自分の伝えたいことを組み立てる、ボトムアップ型のアプローチについて見ていきましょう。

　手元にあるいろいろな情報をもとに自分の説明したいことをまとめていく場合、情報からいえることは何かという観点から結論を出してしまいがちになります。それは間違っていないのですが、そうすると本来自分が言おうと考えていた結論とは無関係の内容となってしまうことがあります。

　すでに伝えるための材料があるときほど、どんな結論が求められるのか、という意識を持って取り組むことが必要です。

● ボトムアップ型アプローチの基本手順

　ボトムアップ型アプローチの場合、次のような4つのステップでつくっていきます。

① 出そうとしている結論のイメージをつかむ

　まずやっておきたいのは、自分がどんな結論を出そうとしている

のか、どんな結論を出すべきなのかを思い描くことです。その際、無理に具体的に「こんな結論を出さなければならない」と考える必要はありません。自分はいまどんな質問に答えればよいのか、というくらいの仮の結論をイメージする程度で十分です。「自分が結論として述べたいことは何か？」という問いに対する答えが、結論（メイン・メッセージ）になります。

なぜ最初の段階で出そうとしている結論のイメージを描く必要があるのでしょうか。それは、いろいろな事実やデータに振り回されて、想定していなかったような結論を導き出してしまうことがあるからです。

また、集めた情報はすべて使いたくなってしまうもの。結論を導き出すのに無関係なデータがあったりした場合でも、そのデータに引っ張られた結論を出して、結果的に本来導き出したい結論からずれてしまう恐れがあります。こうしたことを防ぐ意味でも、ボトムアップ型のアプローチでは、何を伝えようとしているのかという結論をイメージしておくことが大事なのです。

② 手元にある情報のグルーピング

上記①のイメージがついたら、手元にある情報をいくつかにグルーピングしてみます。そうすると、どんな結論になりそうかが、よりクリアになってくるはずです。

③ メッセージの抽出

情報のグルーピングができたら、情報からいえることをメッセージとして書き出してみます。メイン・メッセージを書き出す際には、最初にイメージしたものに即しているかも確認します。

④ **全体の整合性確認**

　メッセージを書き出したら、他のメッセージとの関係をチェックします。特に上位メッセージの根拠となっているかを確認し、必要に応じて修正していきます。

　修正してできたメッセージが上位メッセージの直接の根拠となっているかどうかを確認するためには、メッセージの最後に「から」をつけて、その後に上位メッセージをつなげて読んでみて違和感がないかどうかで判断することができます。最初の段階では、上位メッセージの直接の根拠となっているメッセージもあれば、無関係なメッセージもあるはずです。上位メッセージと無関係なメッセージは、「どのような修正をしたらより根拠に近くなるか」という観点から修正します。

● ボトムアップ型アプローチのポイント

　ボトムアップで作成する場合のポイントは、まずは情報からいえることを挙げてチェックするという点です。情報からいえそうなことを挙げていき、本来、自分が説明したい内容に近いかどうかという点から修正を加えていきます。

　あまり厳密に「情報からいえることは……」と考え始めると、考えが止まってしまいます。まずは、「こんなこともいえそうだ」というレベルの、仮置き状態でのメッセージを出すようにしましょう。

　これまで、ピラミッド・ストラクチャーを作成する代表的なアプローチを2つ紹介してきました。

　ただ、前項でも述べた通り、ピラミッド・ストラクチャーでロジックを組み立てるとき、必ずどちらかのアプローチを取らなけれ

— 134 —

ばならない、というわけではありません。根拠として使えそうな情報の量や、どのくらい主張が固まっているかによって、ロジックの組み立て方は変わってきます。また、実際には同じ文書をつくる場合、どちらのアプローチの考え方も使っているということがほとんどです。状況に応じて、それぞれの考え方やポイントをもとに、ロジックを組み立てていくというスタイルが現実的でしょう。

 使えるのはこんな場面！

- 情報が集まったら、それをグルーピングしながらメッセージにまとめていく
- そもそも何を説明しようとしていたのかの確認は必須

05 相手の関心や 知識レベルをつかむ

—— 受け手の分析

困りごと……間違ったことは伝えていないのに、相手が納得しない

　同じ内容を説明するときでも、説明内容をよく知らない人には詳しく説明し、逆によく知っている人には要点だけ説明する必要があります。また、自分の説明内容に関心がない人には、関心を持たせるような工夫をするといったように、受け手の知識レベルや関心の度合いによって説明する内容を調整しなければなりません。

　こうした受け手の関心や知識レベルなどを把握し、受け手を理解することを「受け手分析」と呼びます。「コミュニケーションは受け手が決める」という言葉があるように、受け手分析は適切なコミュニケーションを実践するためには欠かせません。

● 受け手分析の重要性

　私たちは説明する立場になると、「自分の主張が正しければ納得してもらえる」と考えてしまいがちです。しかし、自分が正しいと考えていることは、あくまでも自分自身から見ての話であることを忘れてはいけません。自分が持っている暗黙の前提や知識から、妥当だと思われる主張をしているのに過ぎないのです。受け手の持っ

ている前提や知識が違えば、その主張に納得しないこともあります。

　また、仮に自分の主張がロジカルならば、受け手は必ず納得するのでしょうか？　いくらロジカルに主張をされても、受け手が感情的になって受け入れようとしない場面はよくあります。そもそも、いくら力説しても、受け手に聞く気がなければ、その主張は聞き流されるだけです。

　つまり、説得のためには、説明内容がロジカルでわかりやすいだけでなく、受け手に合わせたものでなければなりません。受け手を理解するということは、説得力を持って伝えるには不可欠な要素なのです。

● 受け手分析で重視する項目

「受け手を分析しましょう」と言うと、プロファイリングのような形で、受け手のすべてを知らなければならないと感じるかもしれません。しかし、受け手に自分の説明を理解・納得してもらうという目的から考えれば、受け手を全人的に理解する必要はありません。特に受け手について理解しなければならないのは、以下の3つの点です。

① 説明内容に対する受け手の知識レベル

　1点目は、「受け手は伝える内容についてどの程度知っているか」ということです。受け手は自分の伝えようとする内容についてすでに知っているか、それとも知らないのか。これによって、伝える内容はおのずと変わってきます。

　もし、自分が伝えようとする内容について受け手がほとんど知らない場合には、1から説明しなければなりません。逆に、すでに

知っているとしたら、それをあらためて説明する必要があるのかを考え直す必要が出てきます。仮に、自分の説明内容の信頼性を高めるなどのメリットがあるなら伝える価値はあるでしょう。しかし、そうしたメリットがなければ、あえて説明しないほうがいいかもしれません。

② 説明内容に対する受け手の関心

2点目は、「伝える内容に対して受け手はどの程度の関心があるか」ということです。説明内容に対する理解同様、受け手がどの程度の関心や興味を持っているのかによって、説明する内容を変える必要があります。

自分が説明しようとしていることが受け手にとって関心のあることなら、単刀直入に伝えたい内容を説明するだけです。しかし、受け手が興味を持っていないようなら、自分の伝えたいことが受け手にとっていかに重要であるかがわかるように、説明を工夫しなければなりません。

③ 説明時の受け手の状況

3点目としては、伝える際に受け手がどのような状況に置かれているかということです。

たとえば、報告書を読んでもらいたいときに、受け手は忙しいか時間があるかということは、説明の順序や中身のウエイトづけに大きく影響します。受け手が忙しいときに、背景から丁寧に説明するような資料を読んでもらっていたら、本題に入る前に時間切れになってしまいます。

● 受け手にとって自分はどう見えるか、にも注意

もう1つ、受け手のことを理解する際に気をつけたいのが、伝えようとしている相手、つまり「自分」はどのように見えるかです。

たとえば、競合企業に関する新たな情報を入手して、それを上司に伝えようとしたとします。もし、自分がその情報を入手しやすい立場にいるとわかっていれば、上司は違和感なくその説明を聞くでしょう。しかし、自分が日ごろその競合と関係のない仕事をしていたら、その情報を聞いた上司は、「なぜそんなことを知っているのだろう？」「その情報は信頼できるのか？」と疑問に感じるはずです。この場合、競合に関する情報を伝える前に、なぜそうした情報を知ることができたのかも説明しなければならないのです。

同様に、同じアドバイスでも、上司から言われれば納得できますが、自分と似た立場の人からでは素直に受け入れにくいものです。このように、伝えるべきことが受け手にとって重要であったとしても、伝える自分がどのように見えるのかによって捉え方は変わってきます。こうしたことに注意して、伝える内容や伝え方を変える必要があります。

 使えるのはこんな場面！

- 説明内容は間違っていないのに納得してくれないときは、受け手を分析してみる
- 受け手の知識レベルや関心、受け手の置かれた状況を重点的に分析してみる

06 「内容」+「手段」で説得の流れをつくる

—— ストーリーの作成

困りごと……伝える内容はおかしくないが、スムーズに伝えることができない

　相手を説得するために自分の考えを伝える仕上げは、伝える手段を考慮しながら説明の流れをつくることです。伝える内容が頭の中で組み立てられても、実際に伝えようとしてみると時間が足りなくなったりスムーズに説明できないなど、さまざまな問題が起こります。こうした問題を無視して、「中身がしっかりしているから、きっとわかってくれるだろう」と考えていては、どれほどわかりやすい内容だったとしても、相手の説得という目的を達成することはできません。つまり、伝える「内容」に伝える「手段」を加味した、説明の「ストーリー」をつくる必要があります。ここでいう「ストーリー」とは、何をどの順序で説明するかを決定することです。

　ストーリーのつくり方は、次の4つのステップからなります。

① 伝えたい内容の優先順位づけ

　最初のステップは、伝えたい内容に優先順位をつけること。説明内容は、「結論」「結論をサポートする根拠」「説明の背景」「付随する情報」に大別できます。これらのうち、どの優先順位が高いかを判断します。

もちろん最も優先順位の高いのは、「結論」です。では、次はどの優先順位が高いのか。それは受け手の状況によって変わってきます。特に、「説明の背景」や「付随する情報」は受け手に大きく影響されます。

② どの程度の内容を伝えられるか把握

次のステップは、伝えようとしている内容をどの程度伝えられるかを判断することです。これは特に口頭で説明する場合にとても重要になります。所要時間から想定すると、どの程度の説明ができるのかをつかみ、優先順位に従って伝えるべき内容の目星をつけておきます。これをしないと、気がついたら時間切れになって、一番伝えたいことを伝えられずに終わってしまう、ということになりかねません。特に、数分間の立ち話のような場合には、説明内容を大幅に削って説明しなければなりません。

もう1つ注意すべきことは、「何を使って伝えるのか」です。プレゼンテーション資料を使用するのと、口頭のみの説明とでは、説明に要する時間は違ってきます。同じ10分でも話すだけの場合はかなり時間があるように感じるかもしれませんが、しっかりとした資料を用意した場合は時間が足りないと感じるでしょう。また、双方向の対話を通じてなのか、一方的な説明なのかでも、同じ時間で伝えることのできる量は変わってきます。

③ 伝えたい内容の順序の決定

3番目のステップでは、伝えたい内容を説明する順序を決めていきます。伝える順序には、まず結論から伝えるパターンと、根拠から説明して最後に結論を伝えるパターンの2つが代表的です。ここでも、どのような順序が最も効果的かを考えておかなければなりま

せん。「結論先行が望ましい」ということがよくいわれますが、常に通用するわけではありません。聞く気のない受け手や結論に反対しそうな受け手に対していきなり結論をぶつけても、逆効果になるだけだからです。そのような場合は、受け手が関心を持ちそうな背景から説明するほうが適切なことがあります。

相手の理解が十分でない事柄を説明する場合には、背景や事実を丁寧に説明するほうがいいでしょう。逆に、時間がほとんどない場合には、結論を先に言ってしまい、時間の許す限りその理由を加えていく、という順序が有効です。

④ 伝える内容の修正

最後のステップは、伝える内容の修正です。伝える順序が変われば、同じ内容のことを伝えるにしても、そのニュアンスは変わってきます。そうした点を考慮しながら、位置づけや内容を修正していきます。

こうして何をどの順序で説明するか、それぞれのパートでどんなことに注意するかまで決まると、伝えるストーリーの完成となります。

● 受け手の説得力を高める展開のパターン

では、話の順序はどのように考えればよいのでしょうか。

話を展開するパターンとして、「序論－本論－結論」というような話したい内容をベースにしたものや、「起承転結」のような流れがよく紹介されています。しかし、これらのパターンはいずれも話す側の立場からのもので、受け手のことを考慮していません。

受け手の「行動」までの変化

```
┌─────────────┐   ┌─────────────┐   ┌─────────────┐
│ 伝えようとして  │   │ 伝えようとして  │   │ 納得した場合、  │
│ いる内容に関心・ │   │ いる内容に納得  │   │ 次にどうすれば  │
│ 興味を示す    │   │ しても大丈夫だ  │   │ よいのかを理解  │
│          │   │ と判断する    │   │ する       │
└─────────────┘   └─────────────┘   └─────────────┘
```

　それでは、どのような順序で話を展開していけばよいのでしょうか。ここでは発想を転換して、受け手を納得させるために、「受け手をどのように変化させていくか」を考えてみましょう。

　図に示すように、一般的に受け手は、話を聞いて納得し行動するまでの間に、次のような3つの段階で変化していきます。こうした流れを意識しながら説明の順序を決めていくと、より受け手は納得に近づいていくでしょう。

① 関心を持つ

　受け手は、話の内容が自分にとって重要なことだと感じなければ、真剣に話を聞こうとはしないものです。そこで、まず、受け手に「関心を持ってもらう」ことが必要になります。そのために、自分の話す内容が受け手にとってどのような意味を持っているのかということを説明する必要があります。

② 納得する

関心を持った内容は受け手にとってどんなメリットがあるのか、逆にデメリットは少ないかなどがわかれば、受け手は納得するでしょう。受け手が関心を持ったら、こうした点を説明して受け手の納得を得ていきます。

③ 行動するための手順を知る

受け手に何か行動してもらいたいという場合には、行動に至るための具体的な手順の説明が必要になります。この説明がないと、受け手が重要性やメリットは納得しても、どう行動すればよいのかがわからず、行動に移れません。

もちろん、常にこの順序で説明すればよいというわけではありませんし、3つのステップのボリュームも受け手によって変わってきます。差し迫った状況では、重要性やメリットの説明はせずに具体的手順だけ説明することになるでしょう。受け手が重要性を十分理解している場合も同様です。受け手の状況に応じてこの順序を応用する形で説明していくと、納得感も高まっていきます。

● 時間的制約にも注意

ストーリーをつくる際に心がけたいのが、それがどれだけ受け手の理解につながるか、ということです。往々にして私たちは、自分が制限時間内で説明できるか、という観点だけでストーリーをつくってしまいがちです。しかし、自分が説明内容をすべて話せても、受け手がそれをすべて理解できているとは限りません。時間内に収まるからといって無理やり説明内容を詰め込んでも、中途半端な理

解にとどまり、誤解する・納得できないという結果になります。受け手が自分の説明を十分理解できることに重きを置きましょう。場合によっては大胆に説明内容を絞り込んだり、説明の順序を変更したりすることも必要なのです。

こうして完成したストーリーは、説明したい内容、受け手の状況、伝える手段をバランスよく反映したものとなり、より説得力のあるコミュニケーションを可能にするのです。

 使えるのはこんな場面！

- 伝える内容と受け手が固まったら、「ストーリー」をつくってみる
- 受け手をどのように行動まで持っていくかを想定してみる

07
ロジカルに議論を進める

―― 建設的な議論の条件

困りごと……話し合いをしていても、細部に入り込んだり、脱線したりする

　これまでは一方通行的に自分が考えていることを伝えるための方法について見てきました。しかし、コミュニケーションの実際の場面では、お互いが考えを述べ合い、結論に至るというプロセスを経ることになります。そこで、ここからは、双方向的なコミュニケーションでロジカルシンキングをいかに活用するかを見ていきます。

● ロジカルに議論を進めるメリット

「3人寄れば文殊の知恵」ということわざがあるように、本来、議論は複数の人が話し合って、個人では出てこないような結論や、1人で考えるよりも優れた意見を導き出すためのものです。その際には、議論をロジカルに進めることができるかが重要です。

　議論をロジカルに進めることには、さまざまなメリットがあります。まず、いきなり感情的な意見の対立にはならないことが挙げられます。また、あくまでも議論の目的や裏づけとなる事実をベースに検討しているので、思い込みや印象で議論が混乱することを防ぐことができます。同時に、議論のメンバーからすれば全員で結論を

― 146 ―

出しているので、納得感が高まります。

● 建設的な議論を進めるための4つのポイント

議論が不毛なものにならないようにするためには、次の4つのポイントに注目する必要があります。

① 目的の共有

まず、議論をしているメンバーの間で「どんな目的で議論を行うのか」を共有することが欠かせません。議論が迷走する最も大きな原因は、議論の目的が人によって違うことにあります。

ここで注意したいのが、議論の目的は議論の始まったときに一度共有すればよいものではない、ということです。つまり、議論の間ずっと目的を意識し続けることが重要です。議論が進むうちに、目的と関係のない話にそれたり、自分の関心のあることについてだけ話しがちになったりするからです。

適宜「議論の目的は何か」を振り返り、メンバー全員が目的を共有し続けるように心掛ける必要があります。

② 役割分担

2番目のポイントは、メンバーの役割分担です。適切な役割分担ができれば、メンバーの考え方や知識をフルに活用することができます。具体的には、議論の流れを整理し、メンバーの意見を引き出しながら結論を導き出すファシリテーター役、議論に必要な情報を必要なタイミングで提示する情報提供者、そして議論で出てきた結論をチェックし必要に応じて反論するチェック役の3つに分けることができます。

この3つの役割は、議論をする前に厳密に決めるものではありませんし、どれか1つに固定するというものでもありません。さらに、議論の途中で、役割が入れ替わったりもします。

重要なのは、議論の場で常にこの3つの役割を果たすメンバーがいるということです。ある主張に追随するだけの場にはチェック役がいませんし、批判大会のような議論では情報提供者がいません。また、迷走する議論ではファシリテーター役がいないことになります。メンバーがこれらの役割をバランスよく果たすことで、初めて建設的に議論が進められるのです。

③ 対立と合意のメリハリ

3番目のポイントとしては、合意できている部分とそうでない部分を整理し、共有することです。そうすれば、合意している部分は確認程度で済ませることができ、対立している点を重点的に話し合うことができるようになります。合意している部分と対立している部分がはっきりしない場合、一度合意した部分を再度蒸し返して同じ議論を繰り返すということが起こりがちです。

そうした議論の堂々巡りをなくすためにも、はっきりと合意点と対立点を区別しておくことが重要です。

④ 共通の思考基盤

議論というのは、誰か1人に頼って意見を出すものではありません。全員がそれぞれの考えを持ち寄り、優れた結論をつくり出そうとすることです。そのためには、メンバー全員が同じような思考基盤を持って議論することがどうしても必要になります。

その基盤となるのが、ロジカルシンキングなのです。事実やデータをもとに筋道立てて結論を導き出す、考えているポイントに大き

— 148 —

なヌケやダブリはないかを確認し、必要に応じて補完していく。こうした考え方をベースとして議論を進めていけば、全員が納得できる結論に至る可能性が高くなります。

● ロジカルな議論の進め方

では、次のページの図に沿って、ロジカルに議論を進める流れを見ていきましょう。

① 出された意見を「主張」「前提」「根拠」に分ける

誰かの意見をもとに議論を進める場合、いきなりその意見そのものについてあれこれ指摘する前に、その意見を分解してみます。ある意見に印象論で感想を言い合うのではなく、意見を分解してその妥当性をチェックしていくのが、ロジカルな議論の第一歩です。

分解の仕方としては、以下の3つに分けるのが適切です。ちょうど演繹的な論理展開の3段論法と同じように分解します。

● 主張：結局その意見で何を言おうとしているのか
● 前提（ルール）：その主張の前提となっている考え方は何か
● 根拠（観察事項）：その主張はどんな裏づけがあるのか

② 前提や根拠が妥当かを確認し、必要に応じて修正する

議論の対象となる意見を分解したら、まず前提や根拠について、それぞれが適切かどうかを議論していきます。最初から主張について議論を始めてしまうと、印象をもとにした意見のぶつかり合いで終わってしまいます。

前提や根拠の議論の仕方はそれぞれ異なります。前提を議論する

ロジカルな議論の進め方

1 出された意見を「主張」「前提」「根拠」に分ける

2 前提と根拠の妥当性を議論する

・妥当な前提か？
・目的に沿っているか？

・事例として適切か？
・信頼できるデータか？

前提

根拠

主張

議論の題材となる意見

3 他に押さえておくべき
ポイントはないか
議論する

4 これまで議論した
内容を反映させる

場合、「妥当な前提か、議論の目的に沿った前提か」という観点で議論していきます。一方、根拠に対する議論をする場合には、「事例として適切か、信頼性の高い根拠か」という観点でチェックしていきます。

③ 他に押さえておくポイントはないかを確認する

　前提や根拠が適切かどうかをチェックしたら、次は議論の目的から見てほかに押さえておくべきポイントはないかを確認します。ある人の意見の根拠や前提だけしか見ていないと、偏った視点からの結論になりがちです。ほかに押さえておくべきポイントはないか確認し、抜けているポイントがあればそこも議論していくことで、議論に幅が生まれます。

④ これまで議論した内容を主張に反映させる

　最後は、これまでの議論の内容を踏まえ、主張を修正していきます。もちろん、最初に挙がった意見の通りになるかもしれませんし、いくらか修正されたものになるかもしれません。もしかしたらまったく異なる結論となるかもしれません。どのような結論になるかは、前提や根拠がどのように修正されるかによって決まってきます。

使えるのはこんな場面！

- 議論を効率的に進めたい場合は、目的や思考基盤を合わせた上で、役割分担にも注意する
- ある意見に対して議論したい場合は、いきなり結論そのものの話をしない

08 双方向のコミュニケーションを生み出す質問

—— 質問の仕方

困りごと……会話をしていても一方的になる上に、相手の反応が見えない

　雑談レベルの会話はもちろん、お互いの主張をぶつけ合う議論まで、双方向のコミュニケーションで欠かせないのが「質問」です。質問することで、自分の意見を述べるだけや人の話を聞くだけでなく、お互いの考えや意見が重なり合う、双方向的なコミュニケーションを生み出すことができます。

● 質問の持つメリット

　質問の持つメリットとして、次の4点が挙げられます。

① 話が平行線になるのを防ぐことができる

　互いに自分の意見を言い合うだけでは、議論している内容がずれたり、平行線のまま終わることになったりしてしまいます。ここで、質問してそれに回答するという流れになれば、話がかみ合い、お互いが合意できる可能性が高まります。

　たとえば、商談で価格交渉で行き詰まったとき、「納入ロット数を増やすことで、もう少し単価を下げることは可能ですか？」と問

いかければ、お互いが歩み寄るチャンスを得ることができます。

② 新しい気づきを提供することができる

質問は、相手があまり意識していないポイントを含むことがあります。そうした質問に対して考え、答えることで、新たな視点から発想し、アイデアを思いつき、気づきにつなげることができます。

たとえば、配置転換に納得していない部下に、「あなたの長期的なキャリアという観点から、新しい部署の仕事で何か役に立つことはないですか？」と問いかければ、長期的な観点で自分のキャリアを捉え直して、納得につながる可能性も出てきます。

③ 相手に配慮しながら自分の伝えたいことを伝えられる

単に自分の意見を述べているだけでは、聞いている側からすれば意見を押しつけられているように感じられてしまいます。質問の形で投げかけることによって、相手の考えや感情も理解することができ、一方的に意見を押しつけているという印象を避けることができます。

たとえば、部下の持ってきた資料をつくり直してもらいたいとき、頭ごなしに「もう一度つくり直しなさい」と言うのではなく、「どんな点に気をつけて資料をつくったのかな？」と質問してから指示を始めれば、部下のこれまでの苦労に報いながら、改善点を見つけるように働きかけることができます。そうすることで、部下が自ら修正点に気づいたり、より具体的な修正すべきポイントを指摘したりすることが可能になります。

④ 自分の知りたい情報を引き出すことができる

相手が自分の欲しい情報を持っていたとしても、相手の話をただ

— 153 —

聞いているだけでは、なかなか自分の知りたいことを話してくれないものです。ここで的確な質問を投げかけることによって、自分の欲しい情報を話してもらうことが可能になります。

● コミュニケーションを促進する質問のコツ

よりお互いの理解を深めるためならどんな質問でもよいというわけではありません。次に紹介するようなコツを心がける必要があります。

① 何を聞きたいのかをはっきりさせる

まずは、どんな答えを求めているのかがわかるような質問をすることが大切です。最終的には質問の形態をとっているものの、何を聞きたいのかわからないというものがありますが、それは質問ではありません。質問の前に、その質問にはどんな答えが返ってきそうか、その答えはコミュニケーション上で有益なものかを考えておくことが必要です。

② 質問は極力短くする

正確な質問にしようとすると、どうしても質問は長くなります。だからと言って、質問を聞いても質問したいことがわからないような質問をしてよいわけではありません。

頭に思い浮かんだ質問を投げかけるのではなく、「どうすれば短くできるのか」という観点から練った質問をすることも重要です。

③ 質問の中に選択肢は極力入れない

「XかYか?」という質問をされたら、XかY以外の答えをする

— 154 —

のは難しくなります。つまり、質問の中に選択肢の入っているような場合、暗黙のうちにすでに決まった答えの中から選ぶのを相手に求めているのです。それでは、相手の考えを引き出すことができません。

仮に選択肢の入った質問をする場合は、他の選択肢がないと感じる場合だけにするなどの注意が必要です。

④ 価値判断を含む言葉を質問に入れない

選択肢と同様、価値判断の入った質問も、自由な答えがしにくくなります。「あの気難しい上司をどう思う?」と質問された場合、すでに「気難しい上司だ」という想定で答えなければならなくなります。仮にその上司をフランクな人だと思っている人からすると、返答に窮するでしょう。つまり、価値判断の入った質問をすると、相手が本当に思っていることを引き出しにくくしてしまうのです。

⑤ 質問の角度を変えられるようにする

質問の仕方によってはなかなか答えにくいものもあったりします。そういう場合、必ずしも相手は答えたくないわけではなく、どう答えてよいかわからないだけなのです。その場合は、質問の角度を変えることが必要になります。

 使えるのはこんな場面!

- 双方向のコミュニケーションを取るための第一歩は質問
- 誘導尋問とならず、オープンに考えを引き出せる質問をする

09 対立意見をまとめるための 3つのステップ

── 意見が対立したときの対処

困りごと……会議で意見が対立すると収拾がつかない。意見 の対立が怖くて言いたいことをなかなか言えない

　1対1の会話から多人数での会議まで、コミュニケーションをとっていると、必ずといっていいほど異なる意見で対立する場面が出てきます。意見の対立は、対処の仕方によっては生産的な結論を生み出すのに役立つこともある半面、うまく対処できなければ意見がまとまらないだけでなく、感情面でのしこりを残してしまうことになりかねません。

　だからといって意見の対立を避けるために相手の言っていることに反論しなければ、いつまでたっても相手の言いなりです。また、意見が対立したときに多数決に委ねていては、本当によい結論だったのかわからないままになってしまいます。意見の対立を恐れず、適切な対処をすることが必要です。そして、ここでもロジカルシンキングの考え方が有益なのです。

● 議論の目的に立ち返る

　意見が対立した場合、いきなりそれぞれの意見に入り込む前に、議論の目的や前提を確認してみることが必要です。意見の対立は、

議論の目的や前提の捉え方の違いから生じていることが多いため、その部分を確認するだけで簡単に対立が解消することもあります。たとえば新人に担当させる業務で意見が対立した場合も、「その新人にどんな業務を経験させるのが必要か」が重要だという前提を共有できれば、対立もすぐに解消できるかもしれません。

同様に確認しておくとよいのが、制約条件についての見解の違いです。制約条件とは、コストや時間など、すでに決まっていて動かすことのできない条件です。これも、ある人が制約条件と思っていたことが別の人はそう思っていないという場合もあります。いまの要員で作業しなければならないと思っている人と、人員増は可能だと思っている人が作業の期限で対立した場合、人員面での制約を確認・共有すれば、対立も解消しやすくなるでしょう。

まず目的や前提、制約条件に立ち返ることをしておくと、かなりの対立をなくすことができます。

● 対立意見をまとめるための議論の進め方

議論の目的や前提の捉え方に大きな違いがなければ、対立している意見そのものに目を向けていきます。その場合、次ページの図に示すような3つのステップを踏んでいきます。

① 対立意見の共通点と相違点を明確にする

意見が対立している場合、まずどこで対立しているのかをはっきりとさせる必要があります。全面的に意見が対立しているように見える状況でも、意見の一致している箇所はあるはずです。それを明らかにするのが最初のステップです。

対立意見をまとめるステップ

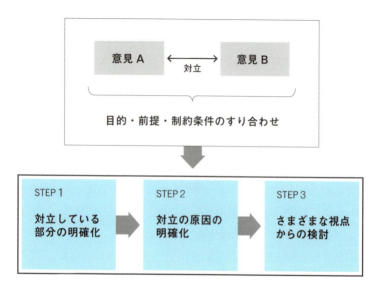

② 対立の原因を明らかにする

次に行うのは、なぜ対立の原因が生じたのかを把握することです。こうした対立の原因を引き起こすのは、双方の「立場」です。

お互いの立場の違いによって、重視すべき点が異なり、それが対立へとつながっていくことがあります。その場合、お互いの立場の違いを受け入れた上で、一段高い視点に立ってどんな結論が適切かを考えることが求められます。

③ 見方を変える

意見が対立したときに行うと効果的なのが、見方を変えることで

す。以下のヒントをもとに見方を変えると、対立点はどこにあるのか、なぜ対立したのかを把握しやすくなります。それに加え、より客観的な視点で議論を進めることができるようになります。

● 見方を変えるヒント①：視座を上げる
　一段高い視点から対立を眺めてみると、対立の構造を捉えやすくなります。特に個別具体的なポイントについて意見が対立している場合は、一段高い視座でその対立を見るのが効果的です。
　たとえば、新規プロジェクトのメンバーに誰を加えるかで対立している場合は、メンバーの一員という立場で誰を加えるべきかという発想ではなく、プロジェクトリーダー、さらには経営者の立場から見るとどんな人が適切なのか、というように視座を高めることで、誰が適任かという意見は一致しやすくなります。

● 見方を変えるヒント②：視野を広げる
　ここまで議論してきた内容をもう少し広く捉えてみると、参加者の考え方を多様化させることができます。そうすることで、対立を解消させることも可能になります。特に問題の原因を探る場合、ある特定の原因にとらわれてしまいがちです。その際、視野をより広げるようにするのが効果的です。
　たとえば、ミスが発生したとき、誰がミスをしたのかといった議論をするのではなく、ミスをした人の周囲の環境まで視野を広げると、個人の責任というより組織やマネジメントの仕方、しくみの点に問題がありそうだ、という形で合意できるようになり、意見の対立自体がなくなっていきます。

● **見方を変えるヒント③:さまざまな立場から見る**

特定の立場からの発想で固まってしまう場合には、あえて異なる立場に立つことで、違った観点からの議論につながります。新商品が売れないという原因で営業と商品企画が対立している場合、たとえば「顧客や販売店など、ほかの立場からどのように見えるか」という観点を挙げるだけでも、対立から別の原因を探ろうとする流れになっていきます。

● **見方を変えるヒント④:まったく別の見方にシフトする**

いままでの議論とまったく異なる見方で対立を眺めてみると、考え方も変わっていきます。

新規でシステム開発をするかどうかで対立している場面で考えてみましょう。たとえばコストを抑えるために何を削減するかという点で対立している場合、働きやすさがどれだけ変化するかという点から眺めてみると、別の観点からの議論をしようとする流れになっていきます。

　　　　使えるのはこんな場面!

● 議論で意見が対立した場合は、無理に収束させようとしない
● 共通点と対立点を見極め、見方を変えながら双方納得のいく結論を探る

第 5 章

さらに問題解決力を磨くトレーニング

最後の章では、もう一段、仕事のレベルを上げていくために、「目標設定」「PDCA」「見える化」など、ロジカルシンキングと組み合わせると効果的な考え方や、思考のトレーニングのやり方を教えます。

01 新しいアイデアを生むために「見方」を変える

―― 視座・視野・視点

困りごと……お客様視点に欠けると言われる

「頭が固いなあ。」そんな風に周囲の人から言われたことはありませんか？　こんなときに有効なのが、「見方を変える」ことです。新たなサービスを考えているとき、少し違った見方をすると、意外にも斬新なアイデアが浮かんでくる場合があります。

データや事実は、それだけでは無色なものです。見方を変えることは、無味乾燥なデータに意味を持たせてくれます。つまり、事実やデータを生かすも殺すも、見方次第なのです。大した見方ができなければいくらロジカルに考えても、意味のある結論を出すことはできないでしょう。逆に十分な情報がなくても、幅広い見方をすれば、意味のある結論を導き出すことができるかもしれません。

ここでまずすべきなのは、さまざまな見方ができるようにするためのヒントを身につけることです。ここでは、見方を変える2つのヒントを紹介します。

● 視座・視野・視点を変える

見方は、その高さ・広さ・角度を変えることで大きく変えること

―― 視座・視野・視点 ――

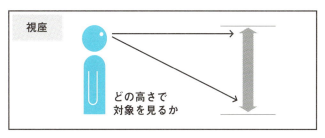

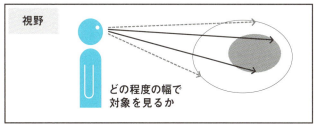

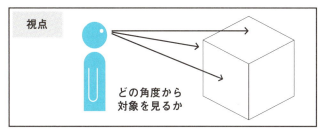

ができます。図のように、見方の高さを「視座」、広さを「視野」、角度を「視点」と呼びます。それぞれについて見ていきましょう。

① 視座を高める

たとえば、現場と経営者では、同じ状況も違って見えるはずです。このような目線の高さの違いを「視座」と呼びます。自分の部署に

1名増員されたという事実も、視座の高い経営的な目で見ればその部署への投資でしょうし、部署の目で見れば戦力増強です。

② 視野を広める

2つ目は、状況を見る範囲をどのようにとるかということです。

視野は、大きく空間軸と時間軸に分けられます。空間軸での視野は、文字通り、より広く対象を捉えているという意味です。たとえば、昨年の実績と大きな変化がないという営業所があった場合、その営業所だけを見れば「変化なし」ですが、視野を広げて近隣の営業所の成績が軒並み好調だとすると、この営業所は「成長に追いついていない」という見方に変わります。

一方、時間軸での視野は、過去からの経緯をどこまで踏まえるかということです。たとえば、営業成績が落ち込んだという事実について、その時点だけで見れば「問題だ」という見方になるでしょうが、長い目で好不調を繰り返していることがわかれば、「スランプの時期にいる」と見方を変えることができます。

③ 視点を変える

視座や視野と違ったものとして、「視点」があります。これは、物事を見る角度のようなものです。

ここで気をつけたいのは、視点はもちろん視座や視野も、これがベストだというものはないということです。常に経営者のように高い視座を持ち、常に視野を広く保っておくのがよいというわけではありません。現場の目線で考えることができるよう、あえて視座を低くしたり、視野を狭くしたりする必要もあります。重要なのは、こうした見方を変える柔軟性だということを忘れないでください。

● 見る立場を変える

　見方を変える際のもう1つのヒントは、状況を見る「立場」に注目することです。立場を変えてみると、自然といろいろな見方ができるようになります。

　たとえば、「この地区の営業所は最も規模が大きい」という事実も、それだけ見れば「ふーん、そうなのか」といった程度の印象しか与えません。しかし、これが営業所全体を統括する立場で見れば、「この地区の営業所は重要度が高い」と捉えることができます。一方、実績を管理する人から見れば、「いつも売上の大きい営業所」と見えるでしょう。

　このように、見る立場を変えることは、問題解決の際に発想を広げたり相手を説得する際に役立ちます。商品が売れないという問題も、提供者側の見方だけでなく利用者側の見方をしてみればその原因が見えてくるかもしれません。また、相手が自分の意見に納得しない場合、自分が説得したいことは相手にとってどんな意味を持つのかを思い浮かべると、説得のヒントが見つかります。

　このように、見方を変えることは、ロジカルシンキングの効果を一段高めるのに役立てることができます。

　　　使えるのはこんな場面！

● 発想を変えたいときには、「視座」「視野」「視点」に注目してみる
● 意見が合わない場合は、見る「立場」を変えてみる

02 「適切な目標」を設定するにはどうするか?

—— 目標設定のSMART

困りごと……目標設定が大事だと言われるが、意味のない目標を無理やり押しつけられるだけ

みなさんは、目標をどのように設定しているでしょうか?

上司に言われた通りの目標にしたり、以前の目標と同じか少し上回る程度の目標を設定したりしていませんか? 確実に達成できる目標を設定しておけば安心だ、と考えているかもしれません。

● 目標は業務の「合格ライン」

ここで、目標とは何かをもう一度確認しておきましょう。目標とは、「合格ライン」のことです。

オリンピックに出場した選手が、「金メダルが目標です」と言えば、金メダルが合格ラインになります。金メダルを取れれば目標達成で、銀メダルでは目標を達成したことになりません。

これは私たちが設定する目標でも同じです。

つまり、自分の取り組む業務に対して、「これくらいをクリアすれば合格だ」というラインが目標になります。もちろん合格ラインは独りよがりで決めてよいものではなく、組織全体としての目標にも合わせる必要があります。ただ、誰が決めるにしても、設定され

た目標は合格ラインですから、それをクリアしなければ合格とはみなされないことに注意しなければなりません。

● 目標設定のSMART

　目標を合格ラインと考えると、目標は達成したかどうかが誰にでもはっきりわかるものでなければなりません。
「一生懸命取り組む」という目標の場合、どうなるでしょう？　同じ取り組みに対しても、一生懸命やったから目標を達成しただろうと思う人が出る反面、まだまだできるはずだと感じる人も出てくるかもしれません。この場合、目標を達成したのかどうかを判断することはできなくなったり、人によってその目標が達成できたかどうかの判断が違ってきたりします。それでは、合格ラインとしては適切ではありません。

　この観点から、目標を設定する場合は「SMART」に、ということがよく言われます。これは単に目標をスマートに設定しましょうという意味ではなく、SMART を頭文字とする5つの点に注意すると適切な目標を設定できるということです。それぞれ何を意味するのか紹介します。

① S：Specific（特定の）
　設定する目標の対象を絞り込みます。「今年の目標は……」のように目標の対象を絞り込まない場合、ある部分は達成したけど別のことは達成できていないなど、その目標を達成できたかどうか判断できなくなります。目標はかなり絞り込んだ単位で設定していくことが大事です。もちろんそうすると目標が大量にできてしまいますが、その中でどこに優先順位を置くのかを考えることも、自分の業

第5章　さらに問題解決力を磨くトレーニング

務をマネジメントするという点では重要です。

② M：Measurable（測定可能な）

先ほどから述べている「合格ライン」にするために最も簡単なのは、目標を数値化することです。数値化すれば、目標の数値をクリアできているかどうかで、目標達成かどうかはっきりするからです。

また、数値化することで、どの程度の目標を設定しているのか他の人とイメージを合わせやすくなります。そうすると、周囲と話が食い違うということもなくなります。

もちろんすべての業務を数値化することができるわけではありません。その場合でも、極力達成したかどうかがはっきり判断できる内容の目標にする必要があります。

③ A：Achievable（挑戦的な）

目標は、確実にクリアして高い評価を得るためのものではありません。成長し、持てる力を最大限発揮して、自分が出せる最高のパフォーマンスを上げるためのものです。

その点から考えると、目標は簡単すぎても難しすぎても自分の成長につながりません。簡単に達成できる目標を立ててしまったら努力する必要がなくなりますし、達成がほとんど不可能な目標を立ててしまっても努力する意欲が湧きません。現在の自分の実力より少し背伸びした難しさの目標を設定しておけば、もう少し頑張ろうという意欲を持ち続けて業務に取り組むことができます。

④ R：Related（目的に関連した）

いくら挑戦的で数値化された目標を設定しても、自分の仕事とあまり関係のないことに関する目標では、自分にとっても、さらにい

えば組織にとっても意味がありません。かえって方向違いの取り組みに重点を置いてしまうなど、無駄になる恐れもあります。

そこで、設定した目標は自分が与えられた役割に関係のあるものか、自分が果たすべきことに直接関連しているかを確認することが重要です。

よく「目標は数値化が大事」という言葉が一人歩きして、数値化しやすいという理由だけで、自分の果たすべき役割と無関係な目標を立ててしまうことがあります。自分の業務の目的に関連しているかを確認することが必要です。

⑤ T：Time Bounded（明確に期限が設定されている）

ビジネスでは時間が大事です。当然、目標も期限が設定されていなければなりません。期限がなければ達成できることはいくらでもあります。期限内で達成しなければならないから、目標は挑戦的になることもあるのです。

こうしてクリアな合格ラインとして設定した目標は、日々の業務の管理に活用できたり、その仕事に対するモチベーションを保つ材料とすることができます。漠然とした目標は捨て、SMARTな目標で日々の仕事に取り組んでみてください。

使えるのはこんな場面！

- 何か新たなことをするときには、「合格ライン」としての目標を設定してみる
- SMARTな目標を設定すれば、業務の管理や意欲の向上に役立つ

03 ロジカルシンキングを「PDCA」に活用する

—— 仕事のマネジメント

困りごと……仕事がやりっぱなしになっていると言われる

　仕事の質を高めていくには、ただ与えられたことをこなすのではなく、自分なりに仕事をマネジメントするという発想が必要です。この仕事をマネジメントする時の考え方としてよく挙げられるのが、PDCA のサイクルです。

　P（Plan）で計画を立て、D（Do）で実行し、C（Check）でその結果を確認、A（Action）で改善していく。このサイクルを回すことで、いま以上に生産的な仕事の取り組みができるようになります。

　この PDCA サイクルの根本には、ロジカルシンキングがあります。P と D と C と A のそれぞれが関連していなければなりませんし、特に P や C では筋道立てて考えることが求められます。ここでは、PDCA にロジカルシンキングを活用していくためのヒントを紹介します。

● 目的からプランを考える

　PDCA サイクルの最初にある P（プラン）を考える際に注意しなければならないのが、その仕事の目的は何か、ということです。

プランという言葉を聞くと、いきなり具体的にどんなことをやっていけばよいかを考えてしまいがちです。しかし、そのような形でのプランづくりは、ヌケモレの多いものとなって、実行段階で思わぬ落とし穴が待ち受けたりするものです。まずは、目的を確認し、その目的達成のためにどんなことをする必要があるのか、という観点でプランを組み立てていく必要があります。

● 振り返りの習慣をつける

PDCAサイクルのカギは、C（振り返り）にあります。振り返りはただ何となく行えばよいわけではありません。振り返りの中身が重要です。振り返りの中身で確実に押さえておきたいのが、仕事の目的に沿った振り返りを行うことと、定量的に振り返るということです。

① 目的に沿って振り返る

役に立たない振り返りの典型とは、とりあえず思いついた項目を挙げてみて、それがうまくいったかうまくいかなかったかを確認するようなものです。

それでは、何のために振り返っているのかわかりません。

自分の取り組みがよかったのか悪かったのかを判断するのは、最終的にはその仕事の目的です。仕事の目的に見合った取り組みができていればよかったし、そうでなければ十分な取り組みでなかったことになります。その意味で、仕事の目的をまずはっきりさせた上で、どんなことを振り返ればよいかを考えていくことが必要になります。

② 定量化して振り返る

　振り返りは、極力数値化しておくことが求められます。それは、その取り組みがよかったか悪かったか、どの程度目的を満たしたのか、ということが具体的にわかるからです。

　もちろん、中には数値化しづらいものもありますので、それを無理に数値化する必要はありません。しかし、そのようなものでも数値化できないかを考えてみることは必要です。

　同時に、数値化する際に注意したいのは、何と比較するのかという点です。数値が出てきて、それがよいとか悪いとか判断するためには、比較できるものが必要です。

● PDCAサイクルの対象は幅広く捉える

　PDCA サイクルの A（次のアクション）では、単にその業務を繰り返したり改善するだけでなく、もっと幅広く活かせるようにするとよいでしょう。

　では、具体的な活かし方を見ていきましょう。

① 自分自身の成長に活用する

　次の業務にという観点で見れば、自分の仕事の仕方に反映させていく、ということがあります。その業務を通じて自分は何に注意したか、どのような落とし穴があったか、うまくいかなかったとき、どのように対応したか。これらはすべて自分自身の貴重な財産です。

　これを明文化してみると、自分オリジナルの仕事の進め方が完成します。そして、将来困ったことが起きたとき、そこに何かしら参考になることがあるはずです。

② 自分以外でも使えるようにする

　もう1つ心がけてほしいのが、「ほかの人が似たような仕事をするときに、自分の取り組みは参考にならないか」と考えてみることです。

　特に「自分が困ったところ」は、ほかの人にとっても似たように感じるはずです。そこをどのように切り抜けたのか、ということが精神論ではなく具体的な手法で説明してあれば、それを見た人にとって大変参考になるはずです。

　よく、何か仕事が終わったら、「マニュアル化してみなさい」と上司や先輩から言われると思います。それは、自分自身の仕事の取り組みを振り返るだけではなく、ほかの人がその仕事をするときの参考にするためのものです。

　自分の取り組み方が参考になるのは、まったく同じ仕事だけではありません。完全には参考にならないかもしれないですが、似たような仕事へ応用可能なこともあるはずです。そうしたものを明文化しておくことも大切です。

使えるのはこんな場面！

- PDCAサイクルを回す場合にも、筋道立ててみる
- 特にP（計画）、C（振り返り）、A（改善）のときにはロジカルシンキングを活用してみる

04 「見える化」して 考えをわかりやすくする

―― 思考の可視化

困りごと……説明していても、「複雑なことを言っていてわかりにくい」と言われる

　自分なりの考えをまとめる際、言葉だけで表現しようとすると難しいものです。特に、いろいろなことが複雑に関係しあうような状況を文章で説明しようとすると、余計わけがわからなくなってしまいます。

　こうしたときには、無理に文章だけで示そうとせず、図をうまく使うとすっきりとさせることができます。これを「見える化」と呼びます。見える化することで、考えていることがわかりやすくなるだけでなく、理解するスピードも速くなります。

　この本でもいくつかチャートをもとにロジカルシンキングについて紹介してきましたが、いずれも「見える化」した例です。ここでは、個々のチャートの作成法ではなく、見える化する場合のポイントについてまとめます。

● 考えを「見える化」するチャート

　見える化の1つのやり方として、概略をチャート（図）の形で表現してみることがあります。よく概略図のことを「ポンチ絵」と呼

— 174 —

んだりします。「絵」と呼ぶと苦手意識が働く人もいるでしょうが、なるべく文章で表現しないで、言葉はキーワードレベルにとどめ、〇や△などの記号や矢印、線などを用いて自分の考えていることを示していれば十分です。

その際は、ほかの人が「うまい」と感心するような絵である必要はありません。それ以上に、自分の考えている要素や要素間の関係などで重要なものはモレのないように示して、自分の思い描いていることがイメージできるようなものになっていることに注意してください。

第2章の「枠組み」のところで「絵にする」という説明をしていますが、これがまさにポンチ絵のことです。

考えようとしていることをこうしたチャートに落とし込んでみると、複雑そうに見えた事柄や、情報量が多いものを説明するときに威力を発揮します。

チャート作成に決まったルールはありません。まずは考えようとしている内容や情報をいくつかのキーワードにバラし、それらのキーワードを集約したり関連づけたりしながら自分の思い浮かべていることにぴったりのものに近づけていってください。

● 数値データを「見える化」するグラフ

数値データを視覚化する場合、最も使うのが表やグラフです。特にグラフをうまく活用することができれば、表よりも速く、はっきりと数値が何を示しているのかを示すことができます。

しかし、グラフといってもさまざまな種類のグラフがあり、それぞれにふさわしい用途があります。目的に応じてふさわしいグラフ

を使うことができれば、分析結果をよりわかりやすく伝えることができる反面、目的に合致しないグラフを使うとかえって混乱を招くことになりかねません。

　特に近年は表計算ソフトを使えば、データからグラフをつくるのは簡単です。そのため、データが入手できたら、あまり深く考えることなく見栄えのよさそうなグラフをつくってしまうケースをよく見かけます。しかし、それではせっかくグラフをつくってもあまり効果はありません。

　ここでは、代表的なグラフの種類とそれぞれの使い方について紹介します。

① 折れ線グラフ

　折れ線グラフは、時系列の変化を示すときに使います。折れ線グラフを使うと、データが増加しているのか減少しているのか、大きな変化が起きたのはどのタイミングかなどをひと目で把握することができます。

② 円グラフ

　円グラフは、それぞれの項目がどの程度の比率を占めているのかが一見してわかるので、主に内訳や構成比を示す際に活用します。たとえば、業界内の各社のシェアがどの程度なのかをひと目で示したい場合は、円グラフが最も効果的です。

③ 棒グラフ

　棒グラフは構成要素の数にあまり左右されず、さまざまな場面で使うことができますが、最も典型的なのは、量的な違いを示したい場合です。たとえば、自社とライバル会社の売り上げ規模を比較す

るのは、棒グラフが最もわかりやすいでしょう。

異なるものの構成比を比較したい場合にも、棒グラフは有効です。具体的には、自社とライバル会社の事業ごとの売上構成比を比較したい場合、両社の円グラフを並べるよりも、棒グラフで示した方が構成比の違いが視覚的に捉えやすくなります。また、折れ線グラフの例で示したようなデータも、各事業の比率について時系列の変化を示したい場合は、棒グラフが適しています。

④ ヒストグラム

データ全体の傾向に加えて、データの分布状況を知りたいことがあります。たとえば、教師が試験結果についてどの点数に何人くらいの生徒がいるのかといった分布状況を把握したいときには、ヒストグラムを作成します。

⑤ 散布図

データ間の関係やデータのバラツキ度合いを示すときに使われるのが散布図です。

前述した相関関係を視覚的に捉えるには、散布図が最も適しています。散布図では、2つの要素を縦軸と横軸に取り、それぞれのデータをプロットしてつくります。散布図の個々の点は一つひとつのデータになりますので、個々のデータがどのような位置なのかを捉えやすくなります。

● 見える化する場合の4つの注意点

見える化することは、頭を整理したりわかりやすく伝える点で有益ですが、うまく自分の考えや伝えたいことを整理できていないポ

ンチ絵やグラフはかえって混乱を招きます。そこで、以下の点に注意する必要があります。

① 目的を明確にする

まず何を示そうとしているのかをはっきり意識しましょう。それによって、どんな形で見える化するのがよいのか見当がつきます。

特段目的もないまま、表面的な図表作成テクニックを駆使しようとばかりすると、意味のないポンチ絵やグラフになってしまいます。

② つくり過ぎない

チャートやグラフの数が多ければそれだけ見える化できたように感じるかもしれませんが、本当に見える化する必要のあるものに絞ったほうがいいでしょう。

統計データがあったら何から何までグラフにした資料を作成する人を見かけますが、それでは本当に大事なグラフが他のグラフの中に埋没して、活きてきません。

③ 見える化するデータを絞り込む

チャートやグラフを作成する際にどのデータを使うのかについても、気をつけておかなければなりません。本当に自分の考えを整理したり伝えるのに必要なデータや情報だけを活用します。チャートやグラフにデータや情報を詰め込み過ぎると、結局、何を示そうとしているのかわからなくなります。

一般的に、私たちは詰め込み過ぎになる傾向があります。最初に想定したよりも、チャートやグラフにする内容を減らすくらいの感覚を持っておくといいでしょう。

④ **一貫性を持たせる**

　チャートやグラフは、全体として一貫性を持っている、言い換えれば「そろっている」ことがわかりやすさの鍵です。複数のチャートやグラフを作成する場合は、それぞれのタイトルの配置や配色、フォントの大きさなどに統一感を持たせておく。1枚のチャートの中でも、文字の大きさやフォントに一貫性があるか、文字の位置が揃っているかなどを注意する。こうした細かい部分を疎かにすると、あとになって誤解を招いてしまうことになりかねません。

　使えるのはこんな場面！

- 複雑なことをわかりやすくしたいときにはチャートにしてみる
- 数値データもグラフ化することで、ひと目でわかるようにしてみる

05 数字をベースに客観的にものごとを見る

—— 数値の活用

困りごと……数字の入ったデータを見ると、つい避けようとしてしまう

第1章で「ロジカルシンキングの効果を高めるために、客観的な目を持つことが大事だ」と述べました。客観的にものごとを見るためには、数値化するのが最も簡単です。数値をもとに分析や判断をしたり、相手を説得するのは、ロジカルシンキングのベースともいえます。

しかし、数字が苦手で、細かい算式や数値データを見ると頭がクラクラするという人も多いでしょう。実は、ビジネスシーンで活用する数値はそれほど難しいものではありません。専門的な手法を使う必要があるのは一部の業務で、ほとんどの業務では、活用の仕方さえ間違えなければ簡単に使いこなせるものばかりです。ここでは、数値を活用するコツをいくつかご紹介します。

● 定点観測のススメ

数値が苦手と思っている人のほとんどは、「自分は苦手」と思い込んでいます。ここで大事なのが、数値に慣れることです。普段から数値と接していれば、自然と見方や扱い方にも馴染んできて、苦

手意識が薄まります。

　数値に慣れる最も手っ取り早いやり方が、どんなものでもいいので継続して同じ数値をチェックし続ける、つまり定点観測することです。仕事に関連することからプライベートで興味を持っているものなど、対象はどんなものでもかまいません。理想は、いくつかまったく異なる分野の数値を定期的（最低でも週1回チェックするのが望ましい）に確認することです。いくつか異なる分野の数値を定点観測していれば、おのずとその変化に対して敏感になったり、ほかの数値と組み合わせてその意味を探ろうと思うはずです。

　それに加えて、少し間隔は開くものもありますが、経済や経営に関する統計データを定点観測していくのも有効です。マクロでいえばGDPや日経平均株価、自社でいえば売上や利益や株価など。こうした数値を追っていくと、おのずと数値への苦手意識もなくなります。

● なるべく簡単な数値に置き換える

　数値になじむことを言っておきながらそれとは反対のことのように感じますが、これも数値を活用するためには大事なことです。

　数値が苦手という人のほとんどが、細かすぎるデータや複雑すぎる分析手法に圧倒されて、「自分には無理だ」と感じてしまっているのです。実は、数値をうまく活用できる人ほど、そうした細かいレベルで数値を扱ったりしません。ざっくりとしたレベルの数値で判断し、要所で細かく確認するようなメリハリをつけています。

　慣れてくれば人それぞれですが、最初は次のようなイメージで数値を扱うようにするといいでしょう。

① 見た目で判断

　まず、見た目で「大きい・小さい」「増えた・減った」というレベルでの確認をします。実は、この確認だけでかなりの数値データは使えたことになります。たとえば、同業他社と利益の動向の推移を比べたい場合、いきなり具体的な成長率を算出する必要はありません。利益が増えているのはどの企業で減っているのはどの企業かを確認するだけで、いろいろなことが見えてきます。

② ざっくりとした数値で判断

　もちろんどの会社も利益が増えている場合、上のやり方では何もわかりません。こうしたときには、数値の上から2桁だけに注目して、計算も上2桁の数値だけを使います。「A社の利益は251億9800万円から283億4700万円に増加した。成長率を計算すると12.5％だ」と正確な計算をしなくても、「A社の利益は大体250億から280億に増えたから、これを計算すると成長率は大体12％くらいだ」で似たような結果を得ることができます。しかも、この程度なら計算が少し得意なら暗算でもできてしまいます。

　資料を作成する場合は正確な計算が必要ですが、数値を活用するという観点で言えば、これくらいの要領で傾向をつかんでいけば十分数値を活用したことになるのです。

● 数値の「カタマリ」をベースにする

　数値データを前にして圧倒されるのは、その量です。社員全員のデータや取扱商品別での売上推移など、数百もあるデータを見たら、誰もが活用するのは大変と感じるでしょう。

こうした場合、データを扱いやすい「カタマリ」にすると随分楽になります。社員データは性別や年代、所属部署ごとのカタマリにしてみる。商品別の売上推移も商品カテゴリーなどでカタマリをつくる。こうすると、カタマリごとの特徴も見えやすくなります。
　カタマリのつくり方はデータによってさまざまです。個々のデータを無理に利用できないかを考えるのではなく、さまざまなカタマリをもとに何かいえることはないかを考えてみると、数値をうまく活用できるようになります。

●「絶対値」を意識する

　数字を活用する場合、割合や比率ばかりでなく、絶対値にも注目するとより数値感覚を養うことができます。それは、桁数を意識することになり、リアリティが生まれて来るからです。
　マクロの経済指標であるGDPを例に考えてみましょう。
　前年からのGDP成長率を見れば、日本経済は好調なのか不調なのかをつかむことはできます。しかしそれだけでは日本経済の規模がどれくらいなのかをつかむことができません。ここで2015年の実質GDPが517兆円だとつかんでいれば、自分の業界はGDPの何割くらいの規模なのか、などさまざまなところで応用できます。

　　　使えるのはこんな場面！

● 数値を扱わなければならないときには、できるだけ簡単に判断できないかをまず考えてみる
● 日ごろから数字に慣れておくと、抵抗感が薄まる

06 結論を導き出すために「比較」をする

—— ロジカルシンキングに比較を活かす

困りごと……数字を使って説明しているのに、「それっておかしいんじゃない?」と指摘される

　事実やデータをもとに結論を出そうとするとき、どんなことをしているでしょうか?　実はそのときは、必ず「比較」をしています。

● 数字から結論を出すときは、必ず何かと比べている

　たとえば、ある会社の売上高が2000億円というデータを入手したら、どんな結論が出せますか?　売上高が多いか少ないか。よい業績だったか不本意な業績なのか。こうしたデータをもとにした結論は、何かと比較して初めて導き出すことができます。

　仮にその前の年の売上が1500億円だったとすれば、ずいぶん成長したので好業績を挙げたと判断してよいでしょう。一方、今期の売上目標が2500億円だとしたら、目標に遠く及ばないという結論に変わるでしょう。

　つまり、考える際には、何かしら比較をしなければなりません。

　しかし、実際には何か判断する際に、何を比較しているか、そして何と比較しているかに注意することはあまりないようです。これは危険なことです。安易に比較してしまったばかりに、思わぬ判断

— 184 —

ミスにつながることもあるからです。

● 3つの比較対象

　比較する際、その比較対象は1つではなく、さまざまなものがあります。ビジネスシーンで典型的に利用される比較対象は、大きく以下の3つに分類することができます。

① 時系列での比較

　1つ目は、過去の同じデータを比較対象とするものです。「前年比」「前年同期比」などがその典型です。前述の利益の例では、前年の同じ会社の営業利益と比較することが該当します。

　時系列の比較対象は、前年比のような短期的なものでも現状を簡単につかむことができますし、長期間で推移を見れば大きな傾向が見えるなど便利な面があります。しかし、過去からの経緯をベースに考えていくことになるため、どうしても現状踏襲的な観点からの比較となってしまいがちです。「ゼロベースで企業を変えていこう」というような場合に、いつまでも過去のトレンドと比較していても、あまり発展的なアイデアには結びつかないでしょう。

　もう一点、注意したいのが、「いつからの推移を見るか」ということです。前年とだけ比較するのか、5年間の推移を見るのか、さらに長い時間軸での推移を見るのか。ここでブレると、せっかく時系列で比較しているのにピント外れの結論になってしまいます。

　どの程度の期間を取るべきかに決まった答えはなく、比較する目的によって変わってきます。一般的にいえるのは、見る対象が大きくなれば、それだけ期間は長めにとったほうがよいということ。仮に全社レベルで10年程度の期間の推移を見るのなら、個々の事業

や製品なら5 〜 7年程度の推移、そして各部署のレベルならさらに短い期間の推移を見るような要領です。

② 自分なりの基準を設定して比較

「計画比」「目標達成・未達」などで表現されるものは、自分なりに基準を設定して、その基準との比較を行っているものといえます。前述の営業利益の例でいえば、今年度の目標営業利益と比べるケースが、このカテゴリーです。

この基準は、自分なりに立てることができるので、背伸びした目標を立てることもできるし、現実的な目標にすることもできるという点で、比較対象として柔軟性があります。

一方で、特に裏づけもなく決めることができるため、感覚的に設定してしまって、なぜその基準が設定されたのかよくわからなくなる、というデメリットもあります。いつの間にか目標が一人歩きして、なぜその目標になったのかわからないまま目標を追い求めている、というケースをよく見かけますが、これはこのタイプの比較対象を活用した場合の典型です。

③ 他に比較できそうな対象と比較

基準について、ある程度の客観性を持たせるために、外部の比較対象を活用するというものです。たとえば、事業でいえば競合と比較する、個人の成績でいえばライバルと比較したり、全体の平均と比較したりすることが挙げられます。前述の例でいえば、「同業他社の営業利益額」「業界平均の営業利益額」などが該当します。

この場合も、何を比較対象として設定するかが重要です。安易にライバルを比較対象としても意味がない場合もあります。たとえば、1社だけ高いシェアを持っている企業があり、残りは同程度のシェ

アにある業界の場合、業界3位の企業がトップシェア企業の営業利益額と比較しても、あまり意味のある結論を得ることはできないでしょう。この場合は、むしろ業界2位や4位の企業と比較したほうがよさそうです。

こうした他との比較をする場合、「何のためにその比較対象を選んだか」に気をつける必要があります。

● 目的に沿って比較対象を選ぶ

3種類の比較対象のどれを使って比較すればよいか。それは、比較する目的、つまり比較することで何を知りたいかによります。

成長しているのかどうかを知りたければ時系列の比較対象になりますし、世間並みかどうかを知りたければ他に比較できそうなものを探し出すことになります。いくら比較をしているからといって、世間並みかを知るために時系列での比較をしても無意味です。

よく手元にデータがあるという理由だけで、そのデータを使って比較してしまうことがありますが、目的とずれていたらそれは無意味なばかりでなく、誤った判断を招くことになりかねません。特に数値データを使う場合は、何と比較すべきなのかに気をつけなければなりません。

使えるのはこんな場面！

● 数字を使う場合は、何と比べているかもセットで注意しておく
● 比較対象がおかしければ、いくら数字を使っていても説得力がない

07 ロジカルシンキングはどうやって鍛える?

—— 日常でできるトレーニング法

困りごと……ロジカルシンキングを強化したいが、本を読んでいるだけではダメだと思う

これまでロジカルシンキングのポイントについて紹介してきました。ロジカルシンキングを活用すれば、問題解決や説得のさまざまな場面で効果を発揮することがご理解いただけたと思います。

そうすると、「ロジカルシンキングを鍛えるにはどうすればいいのか」と思う人もいるでしょう。

ロジカルシンキングを鍛えるのに、特別なやり方はありません。日常生活や仕事を題材に実践することが一番の近道です。特に、日常生活で気になることを題材にロジカルシンキングを試してみることを続けていくと、自然と身につけることができます。

● 日常生活を題材にトレーニングをする

気になる状況に対して、自分なりに筋道立てて推定してみるというのが1つのやり方です。

たとえば、「病院での待ち時間が長いな」と感じたら、どれくらいかかりそうかを推定してみます。診察室にいる人が何名か。そのうち自分が来院する前からいる人は何人いるか。患者と付き添いの

比率はどれくらいか。1人当たりどれくらい診察時間がかかるか。こうしたことを組み合わせて、あとどれくらい時間がかかりそうか推定して見ます。

こうしたことをすると、診察室にいる人をいくつかの要素に分解する、待ち時間を掛け算の形で因数分解する、などの考え方を鍛えることができます。実際にどれくらい待ったのかもすぐに確認できるので、自分の考え方でよかったかのチェックも簡単です。さらに、こうした推定をしていれば時間が経つのも早く感じるようになり、待ち時間が長いことへのフラストレーションも少なくなるかもしれません。

こうした推定を、「フェルミ推定」と呼びます。フェルミ推定をすると、頭の中で筋道立てて結論を導き出し、それがどれだけ適切だったかを定量的に確認できるので、身近な場面でこうしたことを繰り返すと、自然とロジカルに結論を出す流れを身につけることができます。

同様に、原因を推定してみるのも有効です。なぜこの病院での待ち時間は長いのか。そもそも病院で待ち時間が長くなるのはなぜか？ こうしたことの答えを自分なりに探ってみます。

導き出した答えは、正解でなくてもまったく問題ありません。自分の見落としていた点や軽視していた点が見えてくれば、それで十分です。こうしたことを繰り返していくと、自分が見落としがちな点や気をつけて見た方がよい点がわかってきます。実はそうした点はビジネスでも自分が見落としがちな傾向があるので、それを仕事に反映させていけば、よりロジカルに考えを進めることができるようになります。

その際、似たような状況と比べながら原因を探ってみると、また

いろいろなことが見えてきたりします。たとえば、銀行での待ち時間と比べたり、駐車場に入るまでの待ち時間と比べてみると、病院で待つのはどういう特徴があるのか、といったことが思い浮かぶかもしれません。

● ルールを想定してみる

　たとえば、オリンピックなどであまりなじみのないスポーツの競技がテレビ放映されていた場合、「知らない競技だからつまらなさそう」とチャンネルを回したりしないで、しばらく観戦してみてはどうでしょうか？

　もちろん最初は何をやっているのかすらわからないかもしれません。しかし、しばらく観戦してみると、「こうすれば得点が入る」「このようなプレーをすると反則を取られる」などの大まかなルールが見えてきます。こうしたルールを自分で探り、「マイ・ルールブック」をつくってみるというのも、ロジカルシンキングを鍛えるよい材料になります。

　堅苦しい言い方になりますが、スポーツ競技のルールはしっかりしたロジックに基づいており、選手はそのルールと一貫性を取りながらプレーすることが求められます。つまり、その競技を観戦しながらルールを探っていくことは、自分なりのロジックを組み立てるのとほぼ同じことなのです。

　もちろん自分がプレーするときにルールを探ることをしていたら競技になりませんが、観戦しているときならこうしたことも許されます。

　このような形での鍛え方は、スポーツ観戦だけにとどまりません。

ゲームやコンテストなどにも応用することができます。また、ルールを探るだけでなく、どうすれば勝てるのかを具体的に思い浮かべてみるのも有効です。

ただ、こうしたことを続けるとロジカルシンキングは鍛えられますが、その競技がうまくなったり、ゲームに勝てるようになるわけではありません。その点はお間違いのなきよう、ご注意ください。

スポーツジムに行ったり専門のトレーナーの指導を受けなくても、日常生活の工夫で体力をつけることは十分できます。同様に、ロジカルシンキングも日常生活を題材にトレーニングすることのできる場面はいろいろです。

ぜひさまざまな材料を活用して、ロジカルシンキングを高めるような工夫をしてみてください。

 使えるのはこんな場面！

- ロジカルシンキングは、日常の何気ないときに鍛えることは可能
- 隙間時間に、目についた題材を使って、自分なりのロジックを組み立てるのが有効

【著者略歴】

生方正也（うぶかた・まさや）

HRデザインスタジオ 代表。東京大学文学部卒業。日産自動車にて、取引先部品メーカーの経営分析・指導を担当。ウイリアム・エム・マーサー（現マーサージャパン）にて、人事制度改革、組織変革等のコンサルティングに従事した後、グロービスを経て独立。現在は、人材開発・組織変革に関するコンサルティングに携わると同時に、ロジカルシンキング・情報活用術・仮説思考などの分野の指導・著作活動を行っている。著書『戦略的ストーリー思考入門』（クロスメディア・パブリッシング）、『アウトプットの質を高める仮説検証力』（すばる舎）、『アウトプットの精度を爆発的に高める「思考の整理」全技術』（かんき出版）など多数。

Email: ubukata.m@gmail.com

［練習問題アプリ付き］
問題解決のためのロジカルシンキング

2017年 4月 1日 初版発行

発 行　**株式会社クロスメディア・パブリッシング**

発 行 者　小早川 幸一郎

〒 151-0051　東京都渋谷区千駄ヶ谷 4-20-3 東栄神宮外苑ビル

http://www.cm-publishing.co.jp

発 売　**株式会社インプレス**

〒 101-0051　東京都千代田区神田神保町一丁目 105 番地

TEL (03)6837-4635（出版営業統括部）

■本の内容に関するお問い合わせ先 ・・・・・・・・・・・・・・・・・・・・・・・・・・・・・・・・・・・・ クロスメディア・パブリッシング
　　　　　　　　　　　　　　　　　　　　TEL (03)5413-3140／FAX (03)5413-3141

■乱丁本・落丁本のお取り替えに関するお問い合わせ先 ・・・・・・・・・・・・・・・ インプレス　カスタマーセンター
　　　　　　　　　　　　　　　　　TEL (03)6837-5016／FAX (03)6837-5023／info@impress.co.jp

乱丁本・落丁本はお手数ですがインプレスカスタマーセンターまでお送りください。送料弊社負担にてお取り替えさせていただきます。但し、古書店で購入されたものについてはお取り替えできません。

■書店／販売店のご注文受付 ・・・ インプレス　受注センター
　　　　　　　　　　　　　　　　　　　　TEL (048)449-8040／FAX (048)449-8041

カバー・本文デザイン　krran（西垂水敦・坂川朱音）　　本文イラスト　田渕正敏
ISBN 978-4-295-40035-6 C2034　　　　　　　　　　印刷・製本　中央精版印刷株式会社
©Masaya Ubukata 2017 Printed in Japan